研究主任・ICT担当のための 学校DX推進ガイド

著 弘前大学教育学部
附属中学校
Google for Education 認定事例校

編著 佐々木 篤史
Google for Education 認定トレーナー

明治図書

はじめに

「時間泥棒」から「教育の質向上」へ—私が挑んだDX

　春は桜，夏はねぷた，秋は紅葉，冬は雪燈籠と，四季折々の風情が楽しめる観光地として名高い青森県弘前市。その中心部に位置するのが，弘前大学教育学部附属中学校です。

　中等普通教育を施すことに加え，教員志望者を育てる教育実習と地域の教育に貢献するモデル校としての教育実践研究を主眼に，日々教育活動に取り組む本校は，2016年，学校ホームページ運営の効率化という課題解決をきっかけに，Google Workspace for Education（当時はGoogle Apps for Education）を導入しました。

　当時，ホームページ管理は外部業者に委託しており，お知らせのPDFファイル1つ掲載するだけでも業者に依頼する必要があり，そのたびに費用が発生していました。

　「自分たちでホームページを運営できれば，もっと自由にお知らせを発信できるし，コスト削減にもつながるのでは？」

　そう考えた私は，無料で利用でき，HTMLなどの専門知識がなくても使えるホームページ作成ツールを探しました。そして見つけたのが，Googleサイト™だったのです。

Googleサイトで叶えた，自由で効率的な情報発信

　Googleサイトを導入したことで，本校はいつでも簡単にホームページを更新できるようになりました。さらに，Googleドライブ™と連携することで，作成した資料をスムーズにホームページに掲載することも可能になりました。

　しかし，私はGoogleサイトの活用を学校ホームページの運営にとどめませんでした。当時の朝の打ち合わせはすべて口頭で行われ，時期によっては生徒に伝える情報が多すぎて，打ち合わせに15分以上かかることもありました。

　「この時間をもっと有効活用できないか？」

　そう考えた私は，職員用のポータルサイトを作成しました。

　当時，Googleサイトには掲示板機能やカウントダウンカレンダーなどの機能がついていたので，職員の朝の打ち合わせのときに活用してもらうように働きかけました。ポータルサイト導入によって，生徒の集合場所や伝達事項が可視化され，打ち合わせ時間は3分程度に短縮されました。生まれた余暇は，生徒の自治的な活動や対話の時間として活用されています。

1人1台端末で実現した，見える化による情報格差の解消

　GIGA スクール構想で1人1台端末が導入された現在，本校ではクラスごとのポータルサイトで，子どもたちも見える化された情報にいつでもアクセスできるようになりました。視覚優位の生徒にとっても，見える化されたことで安心して情報に接することができるようになりました。

働き方改革から生まれた，教育の質向上という副産物

　このように，本校では Google Workspace for Education を様々な形で活用し，働き方改革を進めてきました。

　当初は，業務効率化やコスト削減を目的とした取り組みでしたが，結果的に教育の質向上にもつながるという副産物が生まれました。

　具体的には，「教員の情報共有がスムーズになり，より効果的な授業づくりが可能になった」「生徒一人ひとりに寄り添った学習環境を構築することができた」「保護者とのコミュニケーションが活性化し，学校への理解や信頼関係が深まった」といった成果があげられます。

　弘前大学教育学部附属中学校の DX は，DX のための取り組みではなく，働き方改革の一環として取り組んできた校務改革が結果的に教育の質を高めるものになったという点がポイントです。

　この事例が，みなさんの学校の教育改革のヒントになれば幸いです。

2024年11月

佐々木篤史

Contents

はじめに 「時間泥棒」から「教育の質向上」へ—私が挑んだ DX　2

校務 DX

職員ポータルサイトで情報共有　8

Google Keep と Google Chat で職員連絡をスマート化　12

共有ドライブで職員会議をペーパーレス化—印刷コスト削減と業務の効率化　16

２種類のアカウントでセキュリティレベルを高めよう　20

職員室の Windows PC も Google で管理しよう　24

Google エンドポイント管理で実現する，安全で柔軟な校務環境　28

情報発信 DX

学校サイトと保護者サイトを使い分けよう　32

保護者サイトへのおたより掲載１—Google サイトと Blogger で学年通信をデジタル化　36

保護者サイトへのおたより掲載２—GAS による自動公開で業務効率化とセキュリティ向上　40

学校情報を発信する—フォームと GAS で Web サイトへの自動公開を実現　44

保護者説明会を YouTube Live で　48

教務 DX

年間行事・月行事・週行事の予定表を Google スプレッドシートで一括作成　52

年間予定を Google カレンダーでスマートに表示　56

時間割の手間を削減　60

養護教諭 DX

フォームで健康観察を入力し，自己管理能力を育もう　64

欠席連絡の一元化　68

生徒指導 DX

| 困ったときにはヘルプスタンプ！緊急時の生徒指導に対応 | 76 |
| Google カレンダーで教育相談予約をスマート化 | 80 |

特別活動 DX

集合連絡を見える化しよう	84
自治会活動も部活動も，自分たちでつくる活動に	
—サイトと Classroom で情報共有をスムーズに	88
Google サイトで学級連絡をスマート化	92
入部届もデジタルに	96
落とし物連絡をしなくても自分で気づく仕組みづくり	100

学習指導 DX

学習の振り返りを蓄積してさらなる学びにつなげよう	104
小テスト・単元テスト・定期テストの概念を変えよう	108
学びを継続させよう—卒業時のデータの取扱い	112

道徳 DX

| 道徳ポートフォリオをデジタル化—生徒の学びを深め，教員の生徒理解を促進 | 116 |
| 道徳の教材研究をみんなでやろう Let's Do Talk! | 120 |

附属 DX

| Google Meet のブレイクアウトセッションで校内研修を活性化 | 124 |
| 教育実習生も GIGA スクール！教育実習 DX | 128 |

おわりに 132

※Chromebook，YouTube，Google Meet，Google カレンダー，Google スプレッドシート，Google ドキュメント，Google ドライブ，Google Keep，Google スライド，Google サイト，Google グループ，Google Classroom，Google フォーム，Google Chat，Google フォト，Google マップ，Gmail は，Google LLC の商標です。

※本書に記載している内容は，特に断りがない限り，執筆時点での情報に基づいております。
本書の発行後に各種サービスやソフトウェアの機能，画面などが変更される可能性があります。
ご了承下さい。

※本書で紹介した一部資料は，下記 QR コードのリンク先からダウンロードできます。

学校DX
Digital Transformation

- 校務 DX ……………………… pp.8〜
- 情報発信 DX ………………… pp.32〜
- 教務 DX ……………………… pp.52〜
- 養護教諭 DX ………………… pp.64〜
- 生徒指導 DX ………………… pp.76〜
- 特別活動 DX ………………… pp.84〜
- 学習指導 DX ………………… pp.104〜
- 道徳 DX ……………………… pp.116〜
- 附属 DX ……………………… pp.124〜

校務 DX

職員ポータルサイトで情報共有

Google サイトを使うことで，教職員の情報共有をスムーズに行うことができます。
ここでは，情報共有の方法を説明し，その効果を紹介します。

実例紹介

1. Tasuke てポータルサイト

　本校では2016年から Google サイトを使った職員ポータルサイトで情報共有を行ってきました。「ポータルサイトを見てください」だと言いづらく，また「ポータルサイト」という言葉自体が聞き慣れないものであったため，当時中心的だった先生のお名前をもじって「Tasuke（たすけ）」と名付けました。文字通り私たちの仕事を助けてくれることを期待して。

　Tasuke には現在，年間行事などが登録された「カレンダー」や生徒がいつどこに集まるのかが書いてある「集合連絡」，生徒の「落とし物」，保護者が送信した「欠席連絡」，教職員の「動向表」など様々な情報が集約されています。これを朝の打ち合わせで使います。

　Tasuke ができるまで，朝の打ち合わせはすべて口頭で連絡がされていました。打ち合わせで連絡されていたことを学級担任は生徒に連絡しなければいけません。連絡が少ない日は大丈夫でしたが，行事などが近づくと生徒への連絡や「集合連絡」が増え，膨大な情報を短時間でメモし，それを短い朝活（朝の会）で伝えなくてはいけない，という状況でした。

　昔の Google サイトでは掲示板機能がついていたので，朝の打ち合わせでの連絡が掲示板に入力され，「見える化」されました。「集合連絡」は Google フォーム™ に入力されたものが，一覧になって表示されることで，リスト化されました。

　たくさんの連絡がある日は全体の打ち合わせに10分以上かかり，そこから学年の打ち合わせになって，バタバタとクラスに行くという状況でしたが，全体の打ち合わせが３分程度におさまり，教職員の朝の時間に少しのゆとりが生まれました。この少しのゆとりを大きなゆとりにしていくために，本校の DX は一歩踏み出しました。

　また，GIGA スクール構想による１人１台端末の導入を機に，教職員が共有していた伝えたい情報を生徒にも共有することができれば，もっと余裕ができるのでは？と，校内の情報共有基盤をさらに発展させるための取り組みが加速しました。

（佐々木篤史）

ここでは，Google サイトの構築の仕方と埋め込みについて説明します。

手順紹介

1. Google サイトを開く

Google サイトを開くには，2つの方法があります。

- **マイドライブから開く**：Google ドライブを開き，新規ボタンをクリックします。表示されるメニューの「その他」にカーソルを合わせると「Google サイト」が表示されるので，クリックします。
- **ランチャーから開く**：Google の各種サービスが一覧表示されるランチャー（画面右上のアイコンの隣にある9つの点）をクリックし，「サイト」アイコンをクリックします。新しいサイトを作成する場合は，表示されるサムネイルから「空白」またはテンプレートを選択します。

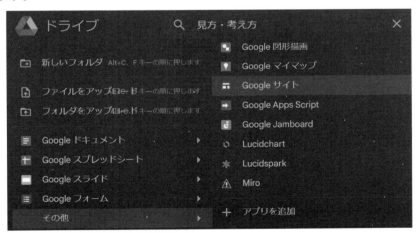

2. Google サイトを構築する

Google サイトは，専門的な知識がなくても直感的に操作できるツールです。

1. **ページ構成**：ページを追加するには，画面右上の「ページ」タブをクリックし，「＋」ボタンを押します。ページのタイトルを入力し，必要に応じて階層構造を設定します。
   - 例えば，トップページの下に「お知らせ」「年間行事」「学級紹介」などのページを作成できます。
   - 階層構造は，後からでも変更可能です。

2. **コンテンツの追加**：「挿入」タブから，テキストボックス，画像を追加したり，様々なコンテンツを埋め込むことができます。ドラッグ＆ドロップで配置を調整したり，サイズを変更したりできます。
   - テキストボックス：文章を入力できます。見出し，本文，箇条書きなど，スタイルも変更可能です。
   - 画像：画像をアップロードしたり Google フォト™ から選択したりできます。
   - コンテンツ：別のウェブサイト，Google ドライブのファイル（Google ドキュメント™，Google スプレッドシート™，Google スライド™），YouTube™ 動画，Google マップ™ などを埋め込むことができます。

3. **テーマの選択**：「テーマ」タブから，サイト全体のデザインを選択します。テーマの色やフォントはカスタマイズ可能です。
   - テーマは，サイトの雰囲気に合わせて選びましょう。
   - カスタマイズすることで，オリジナリティを出すこともできます。

4. **プレビューと公開**：画面右上の「プレビュー」ボタンで，公開前のサイトを確認できます。
   - PC，タブレット，スマートフォンなど，様々なデバイスでの表示を確認しましょう。
   - 問題がなければ，「公開」ボタンをクリックしてサイトを公開します。
   - 公開後も，いつでも編集して再公開できます。

3. 埋め込みについて

Google サイトでは，様々なコンテンツを埋め込むことができます。

1. **Google ドライブのファイル**：ドキュメント，スプレッドシート，スライド，フォームなどを埋め込むことができます。
   - 埋め込み方法は，ファイルの種類によって異なります。
   - ドキュメントやスプレッドシートは，2-2以外に「ウェブに公開」した閲覧用のものを埋め込むことも可能です。

2. **YouTube 動画**：YouTube 動画の URL を貼り付けるだけで，簡単に埋め込めます。
   - 全画面表示の可否やコントロールバーの表示・非表示の設定ができます。

3. **Google マップ**：地図や場所情報を埋め込むことができます。
   - 学校の場所や，校外学習の目的地などを表示できます。
   - 自分で作成した「マイマップ」も埋め込むことができます。

4. **その他の埋め込み**：URL や HTML コードを貼り付けることで，様々な Web コンテンツを埋め込むことができます。
   - アンケートフォームや予約システムなどを埋め込むことができます。
   - HTML コードによって，時計や日付の表示もできます。

校務 DX

Google Keep と Google Chat で
職員連絡をスマート化

Google Keep と Google Chat を使うことで，情報共有の効率化とペーパーレス化ができ，
教職員の負担を軽減します。ここでは，その設定方法と効果について紹介します。

＼ 実例紹介 ／

1. Google Keep™ と Google Chat™ を利用した職員間連絡の効率化

　Chat では学年や分掌ごとにスペースを作成し，情報共有やコミュニケーションを円滑に行っています。全職員向けの連絡は「職員連絡」スペースで，機密性の高い情報はメンバーを限定したスペースで共有しています。また，各学年のスペースで学年間の連絡をしたり，校務分掌のスペースでは会議案件を事前に掲載したりしています。

　Keep は，Chat では流れてしまい見つけづらくなることもあるので，常にすぐに見つけられるようなメモとして，主に朝の打ち合わせの確認事項で使うことが多いです。

2. 導入前の課題と導入後のメリット

　朝の職員打ち合わせは，Keep と Chat の導入で大きく変わりました。打ち合わせ前に必要な情報を「職員連絡」スペースに共有しておくことで，「資料は Chat を見てください」の一言ですむようになり，打ち合わせ時間を大幅に短縮できました。

　以前の学校では，口頭での伝達や印刷物の配布に時間が取られ，情報伝達もスムーズではありませんでした。資料が印刷物の山に埋もれることも日常茶飯事でした。欠席した翌日は，机の上に溜まった大量のプリントを確認するだけで一苦労。必要な資料を紛失してしまえば，同僚にコピーをお願いする手間も発生していました。Keep と Chat を活用することで，このような時間のロスや紙資源の無駄を省くことにつながりました。

　教職員は，いつでもどこでも情報にアクセスできるようになり，必要な情報を探す手間も減りました。その結果，本来の業務である生徒との関わりに，より多くの時間を割けるようになったと感じています。職員連絡の効率化は，教職員の働き方を見直し，より生徒に向き合える環境をつくるための第一歩だと考えています。

（奈良岡寛大）

Google Keep と Google Chat は，学校での情報共有やコミュニケーションをより効率的に，便利にするツールです。ここでは，それぞれのアプリの基本的な使い方と便利な機能を紹介します。

手順紹介

1. Google Keep の使い方

　Google Keep はメモやリストを作成・共有できるツールで，基本的な使い方は以下のとおりです。

1. **アプリランチャーから Keep を起動**：Chrome ブラウザの右上にあるアプリランチャーアイコンをクリックし，Keep を選択します。

2. **新しいメモを作成**：「メモを入力」をクリックし，メモを作成します。
   テキストだけでなく，画像，手書きメモも作成できます。

3. **メモの保存**：「閉じる」を押すと，メモが自動的に保存されます。

【メモを見失わないための機能】

　メモが増えてくると，目的のメモを見つけるのが大変になります。そんなときは，以下の機能を活用しましょう。

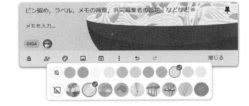

- **ピン留め**：重要なメモは，ピン留めアイコンをクリックして上部に固定できます。
- **背景オプション**：メモに色やデザインを付けて，視覚的にわかりやすく整理できます。
- **ラベル**：メモにラベルを付けて，カテゴリ別に分類できます。
- **検索**：キーワード検索で，目的のメモを素早く見つけられます。

【その他の便利な機能】

- **チェックボックス**：ToDo リストやチェックリストを作成し，タスク管理に活用できます。
   チェックボックスの順番はドラッグ＆ドロップで簡単に変更できます。
   チェックを入れることで，完了したタスクを管理できます。

- 共有：特定のユーザーやグループとメモを共有し，共同編集も可能です。リアルタイムでの共同編集にはGoogleドキュメントが適していますが，Keepの共有機能は，主にチェックリストの進捗状況を共有する場合に便利です。
- 図形描画：手書きのイラストや図をメモに追加できます。ペンの種類や色，太さも豊富に選べます。
- OCR機能：画像内の文字をテキストデータに変換できます。手書き文字にも対応しており，メモのデジタル化に役立ちます。
- Googleドキュメントへの変換：Keepのメモをドキュメントに変換できます。メモの量が増えてきたり，共同編集や詳細な編集が必要になったりした場合は，ドキュメントに変換すると便利です。

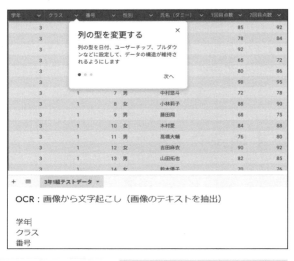

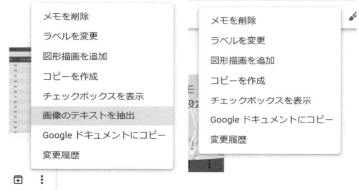

2. Google Chat の使い方

Chatは，1対1のダイレクトメッセージや複数人でのグループチャット（スペース）が可能なツールです。

基本的な使い方は，以下の通りです。

1. アプリランチャーでチャットを起動：Chromeブラウザの右上にあるアプリランチャーアイコンをクリックし，Chatを選択します。または，Gmail™画面の左側にあるChatアイコンをクリックします。

2. チャットを開始
   - **ダイレクトメッセージ**：特定の相手と個別にメッセージを交換したい場合は，相手のアイコンをクリックし，メッセージを入力します。
   - **スペース**：複数人でコミュニケーションを取りたい場合は，スペースを作成または参加します。
   - **グループチャット**：気軽な会話や簡単な情報共有に適しています。
     スペースとグループチャットの違いは，ファイルの共有やタスクの設定ができるか，できないかです。

　　　グループチャット　　　　　　　　　　スペース

活用例としては，次のようなものがあります。

- **職員全体の連絡**：緊急連絡や全体共有事項をスペースで周知できます。
- **分掌内の連絡確認**：各分掌のスペースで，担当者間の連絡やファイル共有をスムーズに行えます。
- **職員の動向についての共通理解**：スペースで職員の業務状況や予定を共有し，連携を深めることができます。
- **教科書内の確認**：進捗状況や授業で使った資料の共有，授業の相談などを教科のスペースで連携できます。

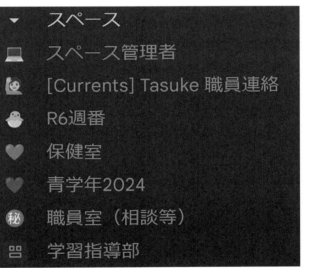

　Keep と Chat を活用することで，学校内の情報共有とコミュニケーションがよりスムーズになり，教職員の業務効率化や生徒との連携強化につながります。

校務 DX

共有ドライブで職員会議をペーパーレス化
―印刷コスト削減と業務の効率化

Google ドライブを使うことでペーパーレスを推進できます。共有ドライブで
セキュリティレベルもアップ！　ここでは，共有ドライブの使い方を説明します。

＼ 実例紹介 ／

1. ペーパーレスでマインドセットも変わる

　私たちの学校では，共有ドライブと Google Meet™ を活用し，職員会議を完全ペーパーレ
ス化しました。その結果，教職員の働き方改革や，学校全体のペーパーレス化推進にもつなが
る様々なメリットを実感しています。

　以前は，職員会議のたびに大量の資料を印刷していました。他の印刷物も含めて学校予算の
大きな負担となっていました。また，長時間の印刷作業は，担当教員の負担も大きかったです。

　そこで，会議資料を共有ドライブに入れてデジタル化しました。各主任が共有ドライブに資
料をアップロードし，Google ドキュメントで作成している職員会議の目次に資料へのハイパ
ーリンクを埋め込みます。事前・事後に各自で目次ドキュメントを参考に資料を閲覧・確認し
ます。また，職員会議中は，提案者は Google Meet で画面共有を行いながら，どの資料につ
いて話をしているのかをわかるようにしています。

　このペーパーレス化により，以下の効果を実感しています。

- **資料準備時間の短縮**：印刷作業が不要になり，資料の準備時間が大幅に短縮されました。
  教職員はその時間で授業準備や生徒指導など，教育活動に集中できるようになりました。
- **印刷コストの削減**：職員会議につながる分掌会議等の資料もデジタル化したことで，年間
  の印刷用紙代を学校全体で約80万円から約40万円と半減に成功しました。
- **情報共有の効率化**：共有ドライブで最新の資料を常に共有できるため，資料の修正や追加
  が発生しても，再印刷・再配布の必要がなくなりました。
- **リモート会議への対応**：感染症対策などで職員会議をオンライン開催する場合でも，
  Google Meet で資料を共有しながらスムーズに会議を進めることができます。
- **ペーパーレス化の波及効果**：職員会議のペーパーレス化をきっかけに，校内全体のペー
  パーレス化が進みました。分掌会議や委員会など，他の会議でもデジタル資料を活用するよ
  うになり，教職員のマインドセットも変化しました。

（八木橋卓矢）

Google Workspace for Education の共有ドライブは，学校全体のファイル共有と管理を効率化する強力なツールです。特に職員会議のペーパーレス化においては，資料の一元管理や共同編集を可能にし，教職員の負担軽減に大きく貢献します。ここでは，共有ドライブの権限設定，管理コンソールでの詳細設定，職員会議での具体的な活用例を紹介します。

＼ 手順紹介 ／

1. 共有ドライブで実現する安全な情報共有と業務効率化

　共有ドライブを活用することで，従来の個人用ドライブ（マイドライブ）でのファイル管理に伴う課題を解決できます。

- **データの永続性**：共有ドライブは，特定のユーザーに紐づいていないため，教職員が異動や退職した場合でも，データが失われることなく，引き継ぎがスムーズに行えます。これにより，過去の会議資料や議事録などを，いつでも簡単に参照できます。
- **アクセス権限の管理**：共有ドライブ全体または個別のフォルダ・ファイルに対して，細かくアクセス権限を設定できます。これにより，誤って権限を与えたくない人にアクセス権を与えてしまうリスクを低減し，機密情報の保護に役立ちます。
- **共同作業の促進**：複数の教職員が同時にファイルにアクセスし，編集・コメントできるため，共同作業が効率的に行えます。例えば，職員会議の資料を共有ドライブ上で共同編集することで，準備時間を短縮できます。

共有ドライブ

🔍 共有ドライブ名

名前

- 【ⅡB】生徒理解会議
- 00職員会議
- 01［ⅡA］職員室（事務・司書とも共有）
- 11教務
- 12実習

2. 共有ドライブの権限設定：セキュリティ強化のポイント

　共有ドライブには，以下の5つのアクセス権限レベルがあります。

- **閲覧者**：ファイルの閲覧が可能です。ダウンロード，コピー，印刷は許可されていません。
- **閲覧者（コメント可）**：ファイルの閲覧に加え，コメントを残すことができます。
- **投稿者**：ファイルの閲覧，コメントに加え，ファイルの追加や編集ができます。ただし，

ファイルやフォルダの移動，メンバーの追加・削除はできません。
- **コンテンツ管理者**：ファイルやフォルダの追加，編集，移動，削除ができます。メンバーの追加・削除はできません。
- **管理者**：共有ドライブのすべての操作が可能です。
メンバーの追加・削除，アクセス権限の変更，共有ドライブの名前変更や削除などができます。

各ファイルやフォルダに対して，これらの権限を個別に設定できます。例えば，職員会議の議事録は「投稿者」権限をもつメンバーのみが編集できるように設定し，他のメンバーは「閲覧者」権限として閲覧のみ可能にする，といった使い分けができます。

特に，学校では，教職員以外の組織（例：生徒）には共有ドライブを使えない設定にすることで，情報漏洩のリスクを大幅に低減できます。これにより，教職員は安心して共有ドライブに資料を保管・共有できます。

3. 管理コンソールでの共有ドライブの設定方法

管理コンソールでは，共有ドライブに関する様々な設定を行うことができます。

・共有ドライブの作成

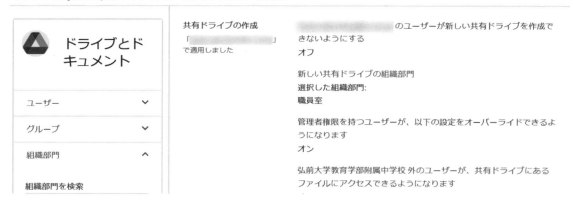

左側のメニューから「アプリ」＞「Google Workspace」＞「ドライブとドキュメント」＞「共有設定」を選択します。「共有ドライブの作成」でどのアカウント・組織が共有ドライブを作成できるか設定できます。

共有ドライブを作成できるアカウントで，Googleドライブを開き，左側メニューの共有ドライブを開いてから，左上にある「＋新規」を押すと「新しい共有ドライブ」の作成ができます。

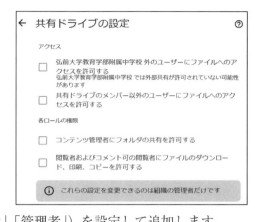

- **メンバーの追加と権限設定**：作成した共有ドライブを開き，「メンバーを管理」をクリックします。共有したいメンバーのメールアドレスを入力し，適切なアクセス権限（「閲覧者」「閲覧者（コメント可）」「投稿者」「コンテンツ管理者」「管理者」）を設定して追加します。

- **共有オプションの設定**：共有ドライブを開き，「設定」をクリックします。
　共有オプション（例：外部との共有の可否，メンバーが共有ドライブを共有できるかなど）を設定します。
　特に，「共有ドライブ外のユーザーと共有できるユーザー」の設定で，「特定のユーザー」を選択し，教職員のみが共有できるように制限することで，セキュリティを強化できます。

4. 職員会議での活用例

共有ドライブは，職員会議のペーパーレス化に効果を発揮します。

- **資料の共有**：会議資料を共有ドライブにアップロードし，参加者全員がアクセスできるようにします。
- **議事録の作成・共有**：ドキュメントで議事録を作成し，共有ドライブに保存することで，参加者全員が閲覧・編集できます。
- **共同編集**：議題に関する資料をドキュメントやスプレッドシートで作成し，参加者全員で同時に編集・意見交換を行うことができます。

校務DX　19

校務DX

２種類のアカウントでセキュリティレベルを高めよう

アカウントの使い分けで，データ保存・共有のセキュリティレベルを上げることができます。
ここでは，アカウント設定の方法を説明し，その効果を紹介します。

＼ 実例紹介 ／

1. 組織部門によるアカウント管理

　Google Workspace for Education では，無償版・Plus 版に関わらず，管理コンソールで組織部門を作成し，アカウントを分割管理できます。教職員用の校務系アカウントと生徒に関わる学習系アカウントを組織部門で分け，それぞれのアクセス権限を適切に設定することで，情報漏洩のリスクを低減し，管理の効率化を図れます。

2. Plus 版限定：対象グループで情報共有を効率化

　Plus 版では，「対象グループ」を設定できます。これは，特定のグループに対して，ファイル共有時の推奨共有先として表示される機能です。共有相手を絞り込むことで，誤送信のリスクを減らし，情報管理を強化できます。例えば，校務系アカウントの所属するグループを対象グループに設定することで，校務系アカウント同士でのファイル共有がスムーズになり，業務効率の向上が期待できます。

　対象グループは，現在，Google ドライブとドキュメント，Google Chat で利用可能です。

3. Plus 版限定：コンテキストアウェアアクセスでセキュリティ強化

　Plus 版では，コンテキストアウェアアクセスが利用可能です。これは，ネットワークやデバイス，ユーザーの属性といったコンテキストに応じてアクセス権限を動的に制御する機能です。例えば，校務系アカウントは校内ネットワークからのみ Google ドライブなどのサービスへのアクセスを許可し，それ以外の場所からはアクセスを制限しています。

（佐々木篤史）

ここでは，管理コンソールでのアカウントの設定について説明します。

手順紹介

1. 組織部門の設定

　管理コンソールにログインし，左側のメニューから「ディレクトリ」＞「組織部門」を選択します。「組織部門を作成」ボタンをクリックし，「校務系」と「学習系」という2つの組織部門を作成しました。校務で使う教職員のアカウントを「校務系」組織部門に，生徒と関わる学習で使う教職員のアカウントを「学習系」組織部門に所属させました。「学習系」には生徒のアカウントや実習生のアカウントも所属しています。

　管理対象のChromebook™では，マルチログインアクセスを設定することができました。校務系アカウントはプライマリユーザーである必要があるという設定にしています。

　WindowsのGoogle Chrome™は，アカウントごとにプロファイルを作成し，プロフィールで図のような設定をすることで，アカウントアイコンが付記されたショートカットが作成されるので，校務系を使いたいからこちらをクリック，学習系を使いたいからあちらをクリックというように使い分けがしやすくなります。

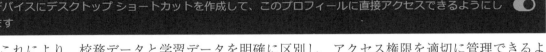

　これにより，校務データと学習データを明確に区別し，アクセス権限を適切に管理できるようになりました。アカウントを使い分けるという意識も，使っていく中で教職員の中に醸成されていく感じがします。

校務系		項目	学習系
教職員のみ	1	共有範囲	組織内全体に可能
Chat 可	2	アプリ	Chat 不可
マイドライブと共有ドライブ	3	ドライブ	マイドライブのみ
生徒のいないClassroomでのみ教師役可 生徒のいるClassroomでは生徒役として参加	4	Google Classroom™	生徒のいるClassroomでも教師役可

2. Plus 版でセキュリティパワーアップ

　先生方の意識が高まってきたとしても，忙しかったり，疲れて余裕がなかったりする日も多いです。そんなときは判断を誤ってしまう可能性も 0 ではありません。ヒューマン・エラーは起こるものという前提に立ったゼロトラストセキュリティで考えていく必要があります。

　校務系は学校でしかアクセスができないけれど，学習系は家でも仕事ができる。校務系は生徒のアカウントに共有をかけられない，学習系は共有をかけられる。そんな設定が，有償版であれば可能になります。

【コンテキストアウェアアクセス】

　管理コンソールで「セキュリティ」＞「アクセスとデータコントロール」＞「コンテキストアウェアアクセス」を選択し，「アクセスレベルを作成」をクリックします。

　アクセスレベル名として「校内ネットワークからのアクセス」と入力し，「IP サブネット」を選択して，学校の IP アドレス範囲を指定しました。

　さらに，「画面がパスワードで保護されている」などのセキュリティ要件を満たすデバイスからのみアクセスを許可する設定も追加し，セキュリティをさらに強化しました。

　対象ユーザーとして「校務系」組織部門を選択し，許可するサービスとして「ドライブ」を選択しました。

　これにより，校務系アカウントは校内ネットワークからのみ校務系のデータが入っているドライブにアクセスできるようになり，情報漏洩のリスクを大幅に低減できました。

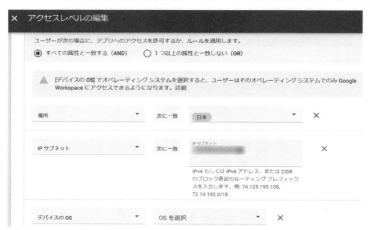

【対象グループ】

　「対象グループ」という Education Plus の機能で共有範囲を制限することができます。

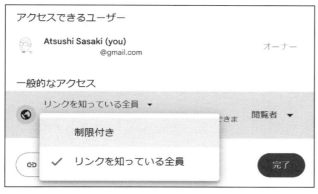

①一般アカウントのアクセス範囲設定
②対象グループが設定されていない組織の
　アクセス範囲設定
③対象グループで設定されたアクセス範囲設定

　校務系のアカウントには組織全体（弘前大学教育学部附属中学校）を設定から削除して，誤って組織全体に重要重大なデータが流出しない設定にします。
　学習系のアカウントでは，組織全体にも共有できる設定にしています。
　「ディレクトリ」から「対象グループ」を開きます。「ターゲットユーザーを作成する」をクリックします。対象グループの名前と説明を入力します。
　対象グループにメンバーを追加したり，Google サービスに適用したりして対象グループの設定を終わらせましょう。
　設定を終えると，このような表示が出てきます。組織全体が削除されているのがわかりますね。メンバーの設定さえきちんとできれば，共有権限を与える相手が限定されるので，セキュリティレベルの向上につながります。

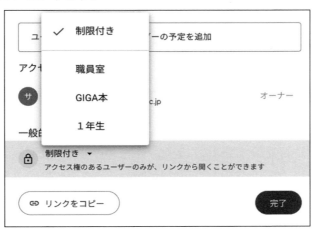

校務 DX　　23

校務 DX

職員室の Windows PC も Google で管理しよう

GCPW を使うことで，管理コンソールから Windows PC を管理できます。
ここでは，設定の方法を説明し，その効果を紹介します。

＼ 実例紹介 ／

1. Chromebook と同じログインの仕方で心理的ハードルを下げる

　私たちの学校では，教職員が使用するパソコンの管理に課題を抱えていました。特に，異動のたびに発生するデータ移行やセキュリティ設定の手間が大きな負担となっていましたが，そんなとき，「GCPW」と「高度な Windows デバイス管理」という機能を知り，試してみることにしました。

　GCPW は，Windows パソコンにインストールするだけで，Chromebook と同じ Google アカウントでログインできるようになる優れものです。これにより，普段 Windows パソコンを使っている私たちにとって，Chromebook への移行もスムーズに進みました。

　さらに，高度な Windows デバイス管理機能を使えば，パスワードの複雑性や Windows Update の管理，特定のアプリのブロックなど，セキュリティ設定を細かくカスタマイズできるだけでなく，紛失・盗難時に端末のデータを遠隔操作で消去することも可能です。

　導入した結果，パソコンの管理が格段に楽になりました。教職員が異動する際も，データの引き継ぎや初期化をスムーズに行えるようになりました。また，セキュリティ面でも安心してパソコンを使えるようになり，万が一の紛失・盗難時にも迅速に対応できます。

　特に，Google ドライブとの連携は，私たちにとって大きなメリットでした。Windows パソコンから直接 Google ドライブにアクセスできるようになり，Microsoft Office ファイルも問題なく編集できるようになりました。これにより，Office に慣れていた先生たちも，抵抗感なく Google Workspace に移行できました。

　GCPW と高度な Windows デバイス管理は，Windows パソコンを Google Workspace for Education と連携させ，安全かつ効率的に管理するための非常に便利なツールです。これらの機能を活用することで，学校全体の ICT 環境が向上し，教職員の働きやすさにもつながると実感しています。

（佐々木篤史）

ここでは，GCPW と高度な Windows デバイス管理について説明します。

1. GCPW と高度な Windows デバイス管理を組み合わせた Windows PC 管理

学校現場では，Windows PC と Google Workspace for Education の連携が求められる場面が増えています。GCPW と高度な Windows デバイス管理機能を組み合わせることで，Windows PC の管理効率化とセキュリティ強化を実現し，教職員の利便性向上に貢献できます。

2. GCPW とは

GCPW は「Windows 用 Google 認証情報プロバイダ」の略で，Windows 10・11 デバイスで Google Workspace アカウントを利用するためのツールです。これにより，Chromebook と同様の ID・パスワードで Windows PC にログインできるため，Chromebook に対する利用者の心理的ハードルを下げ，スムーズな移行を促進します。また，2 段階認証などのセキュリティ機能も利用可能になり，セキュリティも強化されます。

3. 高度な Windows デバイス管理とは

高度な Windows デバイス管理は，Google Workspace for Education Plus で利用可能な機能です。これにより，Windows PC のセキュリティ設定やアプリケーション管理を一元的に行うことができます。GCPW と併用することで，以下の効果が期待できます。

- **管理の効率化**：デバイスの設定やユーザー権限を一括管理できるため，教職員の異動や PC の入れ替え時にも，データの引き継ぎや初期化をスムーズに行えます。
- **セキュリティ強化**：BitLocker 暗号化の有効化，Windows Update の管理，特定アプリのブロック，USB ドライブの無効化など，詳細なセキュリティ設定が可能です。
- **紛失・盗難対策**：デバイスのワイプ（データ消去）や Google アカウントからのログアウトをリモートで実行できます。

手順紹介

1. GCPW の設定方法（管理コンソール）

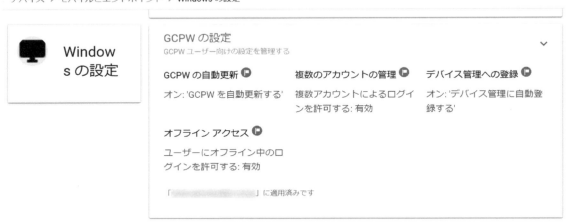

1. **管理コンソールにログイン**：Google Workspace 管理者アカウントで管理コンソールにログインします。

2. **Windows の設定を選択**：左側のメニューから「デバイス」＞「モバイルとエンドポイント」＞「Windows の設定」を選択します。

3. **インストールファイルをダウンロード**：「Windows 用 Google 認証情報プロバイダ（GCPW）の設定」をクリックし，「GCPW のダウンロード」からダウンロードします。

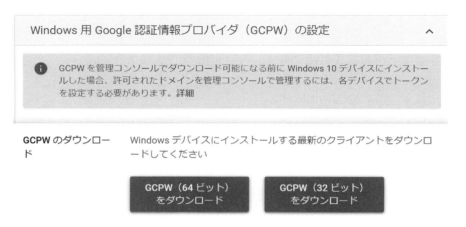

4. **GCPW をインストール**：ダウンロードしたインストールファイルを実行し，各 Windows デバイスに GCPW をインストールします。

5. **GCPW の設定を管理**：管理コンソールで，オフラインアクセス，複数アカウントの管理など，GCPW の設定を管理できます。

※ Windows PC 側で設定をすることもできますが，レジストリエディタで設定をするなど，専門的な説明が難しいので，割愛します。

2. 高度な Windows デバイス管理の設定方法

1. 管理コンソールにログインし，同様に左側のメニューから「デバイス」＞「モバイルとエンドポイント」＞「Windows の設定」を選択します。

2. 「Windows デバイス管理」を「有効」にします。「詳細」または「カスタム」を選択して，Windows に対して高度な管理を有効にします。

3. 暗号化や管理者権限，自動更新についての設定が可能になるので，必要に応じて設定をします。

3. まとめ

　GCPW と高度な Windows デバイス管理は，Windows PC を Google Workspace for Education と連携させ，安全かつ効率的に管理するための強力なツールです。これらのツールを活用することで，学校全体の ICT 環境を向上させ，教職員の利便性向上に貢献できます。

校務 DX

Google エンドポイント管理で実現する，
安全で柔軟な校務環境

シャドーIT を防ぎ，情報漏洩を防ぐことができます。
ここでは，設定の方法を説明し，その効果を紹介します。

＼ 実例紹介 ／

1. 情報漏洩リスクを抑えつつ，場所を選ばない働き方へ

　教職員がスマートフォンやタブレットなどの個人端末を校務に活用することで，時間や場所にとらわれない柔軟な働き方が実現できます。しかし同時に，大切な学校の情報を扱う上では，セキュリティ面での不安も拭えません。Google エンドポイント管理は，そんな不安を解消し，安心して個人端末を活用できる環境を提供します。

　Google エンドポイント管理とは，学校が管理する Google Workspace for Education アカウントでログインした端末に対して，セキュリティポリシーを一元的に適用できる機能です。有償版になるとさらに，パスワードの複雑さや画面ロックの設定，特定のアプリのインストール制限など，学校側で細かくルールを設定できます。これにより，以下のような効果が期待できます。

- ・**シャドーIT の防止**：教職員が私物の端末を勝手に業務に利用する「シャドーIT」は，セキュリティ上のリスクを高める可能性があります。高度なエンドポイント管理（特にモバイルの詳細管理）を導入することで，許可されていないアプリの利用を制限し，安心して業務に集中できる環境を整えられます。
- ・**情報漏洩リスクの低減**：パスワードの複雑化や画面ロックの設定を強化することで，万が一，端末を紛失したり盗難されたりした場合でも，情報漏洩のリスクを減らすことができます。
- ・**校外ネットワーク接続時のアクセス制限**：学校外のネットワークに接続した際に，特定のデータやアプリへのアクセスを制限することができます。これにより，カフェや自宅など，セキュリティが確保されていない場所からのアクセスによる情報漏洩リスクを低減できます。
- ・**場所を選ばない働き方**：セキュリティ対策が万全であれば，教職員は自宅や外出先からでも，安心して学校のデータにアクセスできます。これにより，時間や場所にとらわれない，より柔軟な働き方が可能になります。

・業務効率の向上：スマートフォンやタブレットからでも，Gmail や Google ドライブ，Google ドキュメントなど，普段使い慣れたアプリを利用できるので，業務効率の向上にもつながります。

2. Google Workspace for Education Plus でさらに安心

Google Workspace for Education Plus では，「モバイルの詳細管理」機能が利用可能です。この機能では，ロック画面での通知制限やデバイスの暗号化など，より強固なセキュリティ対策を行うことができます。

さらに，Google Workspace for Education Plus のコンテキストアウェアアクセスと連携することで，より強固なセキュリティ対策が可能です。例えば，校内ネットワークからのみ特定のデータへのアクセスを許可し，校外からのアクセスを制限することで，情報漏洩のリスクをさらに低減できます。

3. プライバシーへの配慮も忘れずに

Google エンドポイント管理は，あくまで業務上のデータと学校が指定したアプリのみを管理対象とします。個人の写真や連絡先など，プライベートな情報には一切アクセスしません。この点を教職員にしっかりと周知し，安心して個人端末を活用できる環境づくりが大切です。

(佐々木篤史)

> Google エンドポイント管理は，教職員が個人端末を安心して校務に活用できる環境を提供します。ここでは，Plus 版で利用可能な「モバイルの詳細管理」機能と Device Policy アプリの設定方法，具体的な活用例などを詳しく解説します。

＼ 手順紹介 ／

1. モバイルの詳細管理でできること

モバイルの詳細管理は，スマートフォンやタブレットなどのモバイルデバイスに対して，きめ細やかなセキュリティポリシーを設定できる機能です。

・パスワードポリシーの設定：パスワードの最小文字数，複雑性（大文字・小文字・数字・記号の組み合わせ），有効期限などを設定し，不正アクセスを防ぎます。

- **アプリのインストール制限**：特定のアプリのインストールを禁止したり，許可リストを作成して特定のアプリのみインストールを許可したりできます。これにより，業務に関係のないアプリの利用を抑制し，セキュリティリスクを低減します。
- **デバイスのワイプ（データ消去）**：端末の紛失・盗難時に，リモートで端末内のデータを完全に消去できます。これにより，個人情報や機密情報が外部に漏洩するのを防ぎます。
- **ロック画面での通知制限**：ロック画面に表示される通知の内容を制限できます。例えば，メールの件名や本文を表示させないことで，プライバシーを保護できます。
- **デバイスの暗号化要求**：端末内のデータを暗号化することで，不正アクセスからデータを保護します。
- **Android/iOS アプリの管理**：アプリのインストールやアップデートを管理し，常に最新のセキュリティパッチが適用された状態を保つことができます。

2. Device Policy アプリ

　機能を利用するには，管理対象デバイスに「Device Policy アプリ」（※）をインストールする必要があります。※ iOS の場合は Google Device Policy，Android は Android Device Policy

3. モバイルの詳細管理の設定方法

- **管理コンソールにログイン**：Google Workspace 管理者アカウントで管理コンソールにログインします。
- **「モバイルとエンドポイント」＞「設定」を開く**：左側のメニューから「デバイス」＞「モバイルとエンドポイント」＞「設定」＞「ユニバーサル」を選択します。
- **「モバイル管理」の設定をする**：「詳細（Device Policy アプリ要）」または「カスタム」を選択し，必要なプラットフォーム（Android，iOS）に対して詳細管理を適用にします。
- **パスワードと承認要件を設定する**：パスワードの複雑性，変更頻度，有効期限などを設定します。また，管理者の承認が必要なデバイスを指定することもできます。
- **組織のデータ保護**：デバイスの暗号化，侵害されたデバイスのブロック，一定期間同期されていないデバイスの自動ワイプなどの設定を行います。

4. 具体的な活用例

　教職員が個人所有のスマートフォンやタブレットを校務に活用できるよう，Device Policy アプリを導入しました。これにより，教職員は場所や時間にとらわれず，Google Chat での情報共有，Google Classroom での課題状況の確認やフィードバック，授業準備などが可能になりました。

　同時に，学校はエンドポイント管理でセキュリティ対策を徹底し，パスワードの複雑化やアプリの利用制限などを設定することで，情報漏洩のリスクを最小限に抑えています。また，校務系のアカウントはコンテキストアウェアアクセスによって，学校内のネットワーク以外ではドライブのデータにアクセスができない設定になっています。これにより，教職員は安心して個人端末を業務に活用できるようになり，柔軟な働き方や学習環境の実現につながっています。

5. 個人端末利用における注意点

　エンドポイント管理はあくまで業務上のデータと組織が指定したアプリのみを管理対象とします。個人の写真や連絡先などのプライベートな情報にはアクセスしません。この点を教職員にしっかりと周知し，プライバシー保護に配慮することが重要です。

6. まとめ

　Google エンドポイント管理のモバイルの詳細管理機能と Device Policy アプリは，教職員の個人端末利用を安全に管理し，柔軟な働き方を実現するための強力なツールです。セキュリティ対策を万全にした上で，個人端末の利便性を最大限に生かし，学校 DX を推進しましょう。

情報発信DX

学校サイトと保護者サイトを使い分けよう

Googleサイトを学校サイトとして使うことができますが，Googleグループを使うことで，
保護者限定の情報発信も可能です。ここでは，使い分けの方法を説明し，その効果を紹介します。

実例紹介

本校ではGoogleサイトで，学校公式サイトと保護者サイトの2つを作成し，運用しています。

学校公式サイトは，誰でもアクセスできる公開情報の発信の場として活用しています。学校紹介やPTA関連のお知らせ，入学試験情報など，他の学校ホームページと同様の内容を掲載しています。また，本校は教育学部からの教育実習以外にも，卒業生の教育実習も受け入れているので，その情報について公開しています。

一方，保護者サイトは，よりパーソナルな情報共有の場として活用しています。毎月の行事予定や学校だより，学年・学級通信など，保護者にとって身近な情報をタイムリーに発信しています。また，保護者向けのアンケートフォームや欠席連絡フォームもここに設置しており，保護者の方々には，このサイトが学校とのコミュニケーションの窓口として定着しています。

保護者サイトへのアクセスは，Googleアカウントで管理しています。入学説明会で保護者の方々にGoogleアカウントの作成をお願いし，提出していただいたアカウントをクラスごとにグループ分けしています。保護者サイトの共有権限を各クラスのグループに設定することで，保護者は自分の子どもが所属する学年・学級の情報にのみアクセスできるようになっています。

当初は，Googleアカウントの作成やサイトへのアクセス方法について，戸惑う保護者の方もいらっしゃいました。そのため，入学式の際にも改めて説明の時間を設けたり，地道に個別のサポートを行ったりしました。現在では，すべての保護者の方が登録を済ませ，保護者サイトを利用した情報共有がスムーズに進んでいます。

保護者サイトの導入により，印刷・配布の手間が省けただけでなく，保護者の方々とのコミュニケーションのきっかけになったと感じています。テキストだけではなく，カラーの写真，動画の発信，タイムリーな情報発信やアンケートの実施を通じて，保護者の方々の学校への関心も高まって，学校運営にもよい影響を与えているかもしれません。

（八木橋卓矢）

ここでは，Google サイトの公開範囲の設定について説明します。

＼ 手順紹介 ／

1. 共有設定

　Google サイトの編集画面上部にある「他のユーザーと共有」ボタンをクリックすると，「サイトのタイトル」を共有という画面が表示されます。

・図①は共有を制限しているので自分だけにしか見えない
・図②は組織全体に共有しているのでリンクを知っている学校のアカウントなら開ける
・図③は一般公開しているのでリンクを知っていれば誰でも開ける

という設定になります。

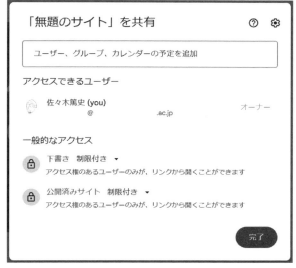

図①

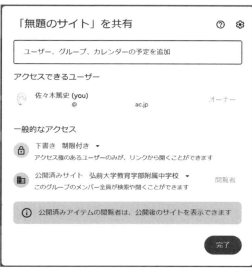

図②

情報発信 DX　33

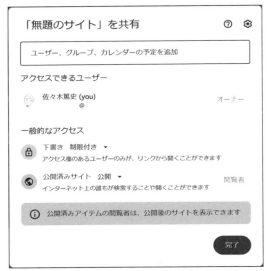
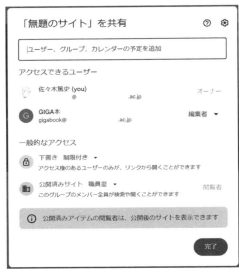

　　　　　　図③　　　　　　　　　　　　　図④

　ちなみに本校は Education Plus を利用しているので，「対象グループ」という機能で，教職員だけに共有をかける「職員室」という設定も可能になっています（図④）。
　学校サイトは外部の人が誰でも見てもらえる状態にしたいので，図③のような設定にします。これで，誰でもアクセスができるようになりました。
　ですが，サイトに埋め込んでいる「Google ドライブ内のアイテム」の共有設定によっては，サイトを見てもその部分が表示されないこともあります。「私（編集者自身）のプレビューだと表示されているのに，なんで見れないって言われるの？」という場合は共有権限が異なっている可能性が高いので，そちらを確認するとよいでしょう。
※2024年4月のアップデートによって，サイトの共有対象が閲覧できない状態になっていれば，通知が来るようになったので，この確認は以前よりもやりやすくなっています。

2. グループへの共有

　図①では共有を「制限付き」にしていて，誰にも共有をかけていなかったので，自分だけにしか見えない状態でした。しかし，特定の誰かに共有をかけることで，その誰かにも見られる状態にすることができます（図④）。この「特定の誰か」にグループを割り当てることで，複数のメンバーに共有権限を設定することが可能になります。

ここからは，Google グループ™ の使い方を説明します。

Google グループを立ち上げると，「グループを作成」ボタンが表示されるので，それをクリックします。次にグループ名，グループメール（アドレス），グループの説明を入力します。

Google グループを無料アカウントで作成すると，グループメール（アドレス）のドメインが「@googlegroups.com」になっています。Education 版でグループを作成すると，@ 以下が組織のドメインになっているので，見た目として違いがわかりやすいです。また，Education 版の方が細やかな設定ができるなど，セキュリティ面で強化されていると考えてよいでしょう。

グループができたら，メンバーを招待します。グループのオーナー，マネージャー，メンバーという役割に段階があるので，サイトを閲覧させたいだけならばメンバーに追加するとよいでしょう。

今回は GIGA 本（gigabook@ ドメイン）というグループ名とグループメールにしました。アドレスをコピーして，サイトの共有設定の「ユーザー，グループ，カレンダーの予定を追加」のところに貼り付けます。図④のように「GIGA 本」がサイトの編集設定に表示されました。これで，公開済サイトは「職員室」のメンバーだけという制限付きでしたが，GIGA 本グループに対して編集権限を設定した状態になりました（閲覧権限にしたい場合は「閲覧者」にするだけ）。

3. 保護者アドレスの登録

グループに対する閲覧権限を設定しても，グループ自体にメンバーが追加されていなければ誰も見れない状況です。次に保護者のアカウントをグループに追加しましょう。

グループを選んでから，「メンバーを追加」を押してメンバーのところにメールアドレスをコピペしていきます。メールアドレスを取得するには Google フォームを活用するとよいでしょう。フォームで集め，スプレッドシートで一覧になったメールアドレスをコピーしましょう。

本校では，入学者説明会のときに，QR コードを通して，保護者に Google アカウントの取得と登録をお願いしています。Google アカウント（≒ Gmail アドレス）をすでに持っている家庭はそのアカウントを，持っていない場合や保護者サイト閲覧用に新しくつくる場合には新設したアカウントを，Google フォームを通して登録してもらいます。「なりすまし」を防止する観点で，学校サイトには掲載せず，学校配信メールからリンクを送信したり，入学者説明会時に QR コードを読み込んでもらうなど，アクセスを制限する工夫をして，登録をしてもらっています。

入学式の後に登録ができていない家庭に対してサポートするなどをして，登録の状況を改善できるように取り組んできました。数年前の運用開始時は80〜90％くらいの登録でしたが，現在は100％の登録になっています。もちろんうまく見られないという保護者の困り感に対しては，きちんと対応するように努めています。

情報発信 DX　　35

情報発信 DX

保護者サイトへのおたより掲載 1
—Google サイトと Blogger で学年通信をデジタル化

保護者サイトにおたよりを掲載する方法もいろいろなやり方があります。
ここでは，Blogger の使い方と埋め込みの方法を説明し，その効果を紹介します。

＼ 実例紹介 ／

1. 導入前の課題と解決策

　以前は，Ａ４サイズという限られたスペースに情報を詰め込む必要があり，レイアウトに苦労していました。写真や動画を載せたいと思っても，容量が大きくて諦めることもしばしばでした。また，印刷・配布にも時間がかかり，せっかく頑張ってつくった学年通信ですが，生徒が紛失してしまい保護者の目に届かないこともありました。

　そこで，Google サイトを学年通信のポータルサイトとして，Blogger™ で記事を作成・投稿する仕組みに変更しました。Google ドライブと連携することで，容量の大きい写真や動画も簡単に掲載できるようになり，学年通信が以前よりもずっと見やすくなりました。子どもたちの生き生きとした表情や，授業で取り組んでいる様子を共有することで，保護者の方々にも学校での様子をより具体的に伝えられるようになったと感じています。

2. 導入効果

- ・情報共有の効率化：印刷・配布の手間が省け，作成した記事はすぐに保護者が見られるようになりました。保護者の方々からも「いつでもどこでも見られて便利」「写真や動画がたくさんあって嬉しい」といった前向きな意見をいただいています。
- ・表現力の向上：Ａ４サイズという制約がなくなり，伝えたい情報を自由に表現できるようになりました。記事の分量も自由なので，忙しい時期でも無理なく情報発信を続けられます。

　Google サイトと Blogger の活用は，学年通信のデジタル化をスムーズに進め，情報共有の効率化だけでなく，表現力の向上や保護者とのコミュニケーションの活性化にも役立っています。これからも，この新しいツールを最大限に活用し，保護者にとってよりわかりやすく，魅力的な学年通信を作成していきたいと考えています。　　　　（野呂　　香・三上　昌憲・村田　正浩）

ここでは，Blogger 設定の具体的な手順とサイトへの埋め込みについて説明します。

手順紹介

1. Blogger とは

Blogger（ブロガー）とは，Google の運営する無料のブログ提供サービスです。Google Workspace のコアサービスではないのですが，管理コンソールでも「その他の Google サービス」として Blogger のサービスをオン／オフに設定することができます。

一般的に使われている Google サイトは「新しい Google サイト」で，「以前の Google サイト」には「掲示板機能」がついていました。掲示板機能があれば，こう

いった Blogger などを使わなくてもよいのですが，サイト自体の更新をしなくても投稿をすれば自動的に更新がされる便利な仕組みとして活用しています。

2. Blogger を立ち上げよう

Blogger に初めてログインをすると，画像のような表示が出てきます。
ここでは「GIGA 本」というタイトルにしたいと思います。次に「ブログの URL を指定してください」と出てくるので，「gigabook2024」にしておきます。

情報発信 DX

最後に「表示名を確定してください」と出るので，「弘大附中 GIGA 本」にします。「完了」を押して，設定が完了しました。

　左側のメニュー下部にある「ブログを表示」のリンクをクリックすると，画像のようなページに飛びます。保護者サイトに埋め込みたいので，もっとシンプルにします。

　同じく左側メニューの「テーマ」から「Simple」を選びます。カラーはいくつか種類があるので，好きなものを選びます。白を基調とした「Simple Simply Simple」にしました。

「カスタマイズ」を押して，「レイアウト」もよりシンプルなものにして，保存します。

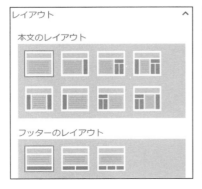

その後，左側メニューの「レイアウト」で，余分なものを「編集」で「削除」していきます。
　左側メニューの「設定」で「プライバシー」の設定をしたり，「読者の権限」を設定できたりするのですが，「読者の権限」はグループに対応していないため，個別に招待をする必要があります。Blogger 単体で利用するのではなく，保護者サイトに埋め込む形で利用をすることで，アクセス制限をするという考えで設定をしています。

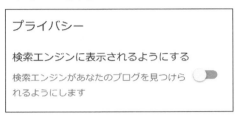

3. 投稿をしよう

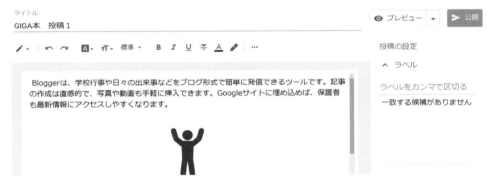

　左側メニューの上部にある「＋新しい投稿」を押して，投稿画面にします。タイトルと本文を入れて「公開」しましょう。

4. サイトに埋め込もう

　サイトの「挿入」の「埋め込む」で「URL」を選び，指定したブログの URL を入力します。「ページ全体」か「プレビュー」が出てくるので，「ページ全体」を選んで完了です。

情報発信 DX

保護者サイトへのおたより掲載２
―GAS による自動公開で業務効率化とセキュリティ向上

保護者サイトにおたよりを掲載する方法もいろいろなやり方があります。
ここでは，GAS を使った Google ドライブでの共有方法を説明し，その効果を紹介します。

＼ 実例紹介 ／

1. 導入前の課題と解決策

　紙媒体での配布は印刷・配布コストがかさみ，紛失のリスクもありました。また，緊急時のお知らせがタイムリーに届かないこともありました。

- ・印刷・配布コスト：紙媒体のおたより配布には，印刷費や配布の手間がかかっていました。
- ・紛失リスク：生徒がおたよりを紛失し，保護者に情報が届かないケースがありました。
- ・情報伝達のタイムラグ：緊急時のお知らせが保護者に届くまでに時間がかかることがありました。

　そこで，Google Apps Script（GAS）を活用し，おたよりのデジタル化と自動公開システムを導入しました。

- ・Google ドライブと Google サイトの連携：おたよりをドライブで管理し，サイトに埋め込むことで，保護者がいつでもどこでも閲覧できるようにしました。
- ・GAS による自動公開：管理職のチェックが完了したおたよりを，GAS で自動的に保護者向けに公開する仕組みを構築しました。

2. 導入効果

- ・コスト削減：印刷・配布コストが大幅に削減されました。
- ・情報伝達の迅速化：保護者はいつでもどこでもおたよりを閲覧できるようになりました。
- ・セキュリティ向上：一般公開できないフォルダで管理職のチェックを行い，公開用のファイルのみを共有することで，セキュリティを確保できました。
- ・紛失リスクの軽減：デジタル化により，おたよりの紛失を防ぎ，確実に保護者に情報を届けられるようになりました。

（佐々木篤史）

> ここでは，Google ドライブ，Google サイト，GAS（Google Apps Script）を活用
> した具体的な手順と，その効果を紹介します。

＼ 手順紹介 ／

1. おたよりを GAS（Google Apps Script）で自動公開する

Google Workspace for Education のツールを組み合わせ，GAS（Google Apps Script）を活
用することで，保護者向けサイトにおたよりを安全かつ効率的に掲載できます。

Google ドライブ，Google サイト，GAS を連携させることで，以下の手順で安全かつ効率的
なおたより配信システムを構築しました。

1. **フォルダの準備**：一般公開できない教職員アカウントについては，「点検済フォルダ」「ア
   ーカイブフォルダ」を作成します。一般公開可能なアカウントＡについては，「公開済フ
   ォルダ」を作成し，保護者グループにアクセス権限を付与します。

2. **Google サイトにフォルダを埋め込む**：保護者向けサイトに，「公開済フォルダ」を埋め
   込みます。

3. **GAS スクリプトの作成**：以下の GAS スクリプトを「アカウントＡ」で作成し，トリガ
   ー（例：毎日17時に実行）を設定して自動実行します。

```
function copyFolder() {
  // 点検済，公開済，アーカイブのフォルダ ID をそれぞれ定数として定義
  const SOURCE_FOLDER_ID = '点検済フォルダ ID'; // 点検済フォルダの ID
  const DESTINATION_FOLDER_ID = '公開済フォルダ ID'; // 公開済フォルダの ID
  const ARCHIVE_FOLDER_ID = 'アーカイブフォルダ ID'; // アーカイブフォルダの ID
  // 各フォルダのオブジェクトを取得
  const sourceFolder = DriveApp.getFolderById(SOURCE_FOLDER_ID);
  const destinationFolder = DriveApp.getFolderById(DESTINATION_FOLDER_ID);
  const archiveFolder = DriveApp.getFolderById(ARCHIVE_FOLDER_ID);
  // 点検済フォルダ内のファイルを1つずつ処理
```

校務DX

情報発信DX

教務DX

養護教諭DX

生徒指導DX

特別活動DX

学習指導DX

道徳DX

附属DX

情報発信 DX　41

```
  const filesIterator = sourceFolder.getFiles();
  while (filesIterator.hasNext()) {
    const file = filesIterator.next();
    // ファイルをコピー(コピー先のフォルダは指定しない)
    const copiedFile = file.makeCopy();
    // コピーしたファイルを公開済フォルダに移動
    copiedFile.moveTo(destinationFolder);
    // 元のファイルをアーカイブフォルダに移動
    file.moveTo(archiveFolder);
  }
}
```

drive.google.com/drive/folders/

フォルダ ID は↑白抜きの部分です

2. 作業の手順

1. 教職員が「点検済フォルダ」におたよりをアップロード：教職員は，作成したおたよりを管理職にチェックしてもらい，その後「点検済フォルダ」にアップロードします。このフォルダは，教職員のみがアクセスできる非公開のフォルダです。

2. GAS が定期的に「点検済フォルダ」をチェック：あらかじめ設定された時間（例：毎日17時）になると，GAS スクリプトが自動的に「点検済フォルダ」をチェックします。

3. おたよりを「公開済フォルダ」にコピー：新しいファイル（おたより）が「点検済フォルダ」に置かれていると，GAS がそれを「公開済フォルダ」にコピーします。この際，アカウント A で GAS をつくっているので，コピーされたファイルのオーナーは，一般公開が可能なアカウント A になります。

4. 「公開済フォルダ」は保護者用サイトに埋め込まれている：「公開済フォルダ」は保護者向

けの Google サイトに埋め込まれているため，保護者はサイトにアクセスするだけで，自動的に公開された最新のおたよりを閲覧できます。

5. **元のファイルを「アーカイブフォルダ」に移動**：コピーが完了すると，元のファイルは「点検済フォルダ」から「アーカイブフォルダ」に移動します。これにより，「点検済フォルダ」は常に空の状態になり，点検済フォルダを見た教職員はきちんと公開されていることがわかり，次のチェック時に同じファイルが作成されないことになります。

… 〉 保護者用サイト 〉 おたより ▾ 👥

[種類 ▾] [ユーザー ▾] [最終更新 ▾]

名前 ↓	オーナー
📁 公開許可	🗿 自分
📁 管理職チェック済みフォルダ	🗿 自分
📁 アーカイブフォルダ	🗿 自分
📄 ファイル共有の注意点 👥	🗿 自分

このシステムにより，以下のメリットが実現しました。
- **教職員の負担軽減**：印刷・配布作業が不要になり，時間の節約になります。
- **情報伝達の迅速化**：保護者はいつでもどこでも最新のおたよりを確認できます。
- **セキュリティの確保**：管理職チェックフォルダは非公開なので，未承認のおたよりが公開される心配がありません。
- **紛失リスクの軽減**：デジタル化により，おたよりの紛失を防ぎ，確実に保護者に情報を届けられます。

このように，GAS を活用することで，従来手作業で行っていたおたよりの公開作業を自動化し，教職員の負担を軽減しながら，保護者への情報伝達を効率化・確実化できます。

情報発信 DX　　43

情報発信 DX

学校情報を発信する
―フォームと GAS で Web サイトへの自動公開を実現

セキュリティレベルを上げていても，フォルダに入れて，フォームを送信するだけで
自動的に一般公開の設定ができます。ここでは，その方法を説明します。

＼ 実例紹介 ／

1. 最初のひと手間でより時間の短縮に

　附属中学校では，受験希望者や教育実習希望者に向けて，学校の魅力や情報を積極的に発信したいと考えていました。しかし，セキュリティ上，教職員の Google アカウントから直接ファイルを外部に公開することができず，情報発信のたびに手間がかかっていました。

　そこで，Google フォームと GAS（Google Apps Script）を組み合わせた，一工夫凝らしたシステムを構築することにしました。

　まず，教職員が公開したい情報を「点検済フォルダ」にアップロードします。このフォルダは，教職員だけがアクセスできる非公開のフォルダです。次に，公開するためのスクリプトを動かします。教頭先生が GAS を設定したフォームから「公開しますか？」という質問に「はい」と回答することで GAS が自動的に動き出します。

　GAS は，「点検済フォルダ」内のファイルを，一般公開用のアカウントが所有する「公開済フォルダ」にコピーします。この「公開済フォルダ」は，誰でもアクセスできる設定になっているので，コピーされたファイルは自動的に Web サイトで公開される仕組みです。公開されたファイルは，受験希望者や教育実習希望者が見られるようになり，学校の情報をタイムリーに発信できるようになりました。

　このシステムのポイントは，教頭先生の承認がなければファイルが公開されない点です。これにより，誤った情報の発信を防ぎ，情報の信頼性を高めることができました。また，GAS がファイルのコピーと移動を自動で行ってくれるので，教職員の手間も大幅に削減できました。

　「おたより」の自動公開システムとの違いは，この「教頭先生の承認」というステップがあることです。おたよりは，定期的に自動で公開されますが，Web サイトに掲載する情報は，内容によっては公開のタイミングを調整したい場合があります。そこで，フォームによる承認プロセスを組み込むことで，より柔軟な情報公開が可能になりました。

（佐々木篤史）

> ここでは，フォーム送信をトリガーとした GAS によるファイル共有の仕組みついて説明します。

＼ 手順紹介 ／

1. 教頭承認制のフォームと GAS で学校情報自動公開

　Google Workspace for Education のツールを組み合わせることで，受験希望者や教育実習希望者に向けて，学校情報を安全かつ効率的に発信できます。ここでは，セキュリティレベルを高く保ちつつ，Google ドライブ，Google フォーム，GAS（Google Apps Script）を活用して，Web サイトに情報を自動公開する具体的な手順と，その効果を紹介します。

【導入前の課題】

- **セキュリティの懸念**：教職員アカウントの共有設定が制限されているため，外部にファイルを直接共有することができませんでした。
- **ファイル選択の手間**：公開したいファイルを一つ一つ選択して共有する必要があり，手間がかかっていました。
- **公開前のチェック体制の不足**：誤った情報の発信を防ぐために，公開前に教頭先生によるチェックが必要でしたが，十分な体制が整っていませんでした。

【解決策】

- **Google フォームと GAS の連携**：フォームで教頭先生の承認を得てから，GAS スクリプトで「点検済フォルダ」内のファイルをすべてコピー・公開する仕組みを構築しました。これにより，教職員アカウントの共有設定を変更することなく，安全に情報を公開できるようになりました。
- **教頭承認制**：フォームの送信を教頭先生に限定することで，公開前のチェック体制を強化しました。

【導入効果】

- **セキュリティ強化**：教職員アカウントの共有設定を変更する必要がなくなり，セキュリティリスクを低減できました。
- **業務効率化**：フォーム送信をトリガーに自動公開されるため，手作業による公開の手間が

情報発信 DX　45

省け，教職員の負担が軽減されました。
・**情報発信の強化**：受験希望者や教育実習希望者に向けて，タイムリーかつ正確な情報を発信できるようになりました。
・**チェック体制の強化**：教頭先生による承認プロセスを組み込むことで，誤った情報の発信を防ぎ，情報の信頼性を高めることができました。

2. 自動公開システムの構築手順

・**フォルダの準備**：アカウントA（一般公開可能なアカウント）：「公開済フォルダ」を作成します（このフォルダは「全員（ウェブ上で公開）」に設定されます）。
・**教職員アカウント**：「点検済フォルダ」「アーカイブフォルダ」を作成します（これらのフォルダは一般公開できません）。

【Googleフォームの作成】

「公開しますか？」という質問と，「します」（ラジオボタン）の選択肢を設定したフォームを作成します。

フォームの送信者を本校では教頭先生のアカウントに限定しています。

【GASスクリプトの作成】

以下のスクリプトを作成し，フォームの送信をトリガーに設定します。

```
function myFunctioncopyWEB() {
  // コピー元フォルダ
  const rootFolder = DriveApp.getFolderById(' フォルダ ID');// コピー元フォルダ ID
  // 移動先フォルダ
  const destinationId = ' フォルダ ID';// 移動先フォルダ ID
  const destination = DriveApp.getFolderById(destinationId);
  // アーカイブフォルダ
  const archivesId  = ' フォルダ ID';// アーカイブフォルダ ID
  const archives = DriveApp.getFolderById(archivesId);
  // コピー元フォルダのファイルごとに移動処理
  const files = rootFolder.getFiles();
  while (files.hasNext()) {
  let file = files.next();
  // ファイルをコピー
  const movedFile = file.makeCopy();
  // ファイルを指定したフォルダに移動 ( コピー ) する
  movedFile.moveTo(destination);
  // 元のファイルをアーカイブフォルダに移動する
  file.moveTo(archives);
  }
}
```

※フォルダ ID の確認は42ページ参照

　スクリプトは，「点検済フォルダ」内のファイルをすべて「公開済フォルダ」にアカウント
Aでコピーし，「アーカイブフォルダ」に移動します。コピーされたファイルは自動的にウェ
ブ上で公開されます。

3. まとめ

　Google Workspace for Education のツールと GAS を活用することで，セキュリティを確保
しながら，学校情報を Web サイトで公開し，受験希望者や教育実習希望者への情報発信を強
化できます。GAS による自動化は，教職員の負担軽減だけでなく，セキュリティの向上にも
つながります。

情報発信 DX　**47**

情報発信 DX

保護者説明会を YouTube Live で

YouTube の Live 配信を使うことで，参加できない保護者の方にも情報発信ができ
アーカイブ保存もできます。ここでは，Live 配信の方法を説明します。

＼ 実例紹介 ／

1. 保護者も喜ぶ形に

　保護者説明会は，学校にとって説明責任を果たす大切な機会です。しかし，仕事や家庭の都合で参加できない保護者も少なくありません。そこで，より多くの保護者に参加していただくため，YouTube Live を活用したオンライン配信に挑戦しました。

　初めての試みということもあり，機材の準備や配信設定には少し手間取りましたが，YouTube のわかりやすい操作ガイドのおかげで，思っていたよりもスムーズに進めることができました。当日は，パソコンとビデオカメラを接続して高画質な映像を届けたり，スマートフォンで手軽に配信したりと，状況に応じて様々な方法を試しました。

　オンライン配信の最大のメリットは，参加のハードルが下がることです。これまでは，仕事や育児などで忙しい保護者の方々は，なかなか説明会に参加できませんでした。しかし，オンライン配信によって，時間や場所の制約がなくなり，より多くの保護者の方々に参加していただけるようになりました。

　説明会後には，アーカイブされた動画を YouTube チャンネルで限定公開しました。これにより，当日参加できなかった保護者や，もう一度内容を確認したい保護者が，いつでも好きなときに視聴できるようになりました。このアーカイブ動画は，保護者の方から大変好評で，見返せて便利だという声もいただいています。

　YouTube Live の導入は，保護者説明会への参加率を大きく向上させました。また，アーカイブ動画のおかげで，説明会の内容に関する質問も単なる確認ではなく，より意義のあるものになったと感じています。

　YouTube Live は，保護者説明会をより身近で，参加しやすいものに変えてくれました。今後もこのツールを活用し，保護者の方々との信頼関係を築き，子どもたちの成長を一緒に見守っていけるような学校を目指していきたいと思います。

(佐々木篤史)

ここでは，YouTube Live の設定について説明します。

手順紹介

1. YouTube Live 配信の準備

【YouTube チャンネルの作成】

まずは，学校専用の YouTube チャンネルを作成します。

1. Google アカウントで YouTube にログインします。

2. 画面右上のプロフィールアイコンをクリックし,「チャンネルを作成」を選択します。

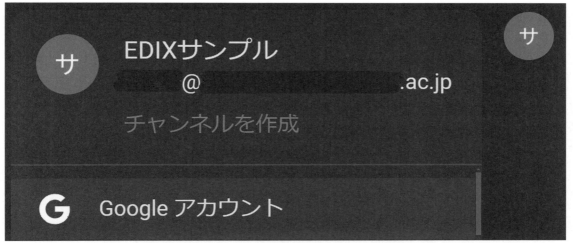

情報発信 DX　49

【ライブ配信の有効化】

　YouTube Live を利用するには，ライブ配信機能を有効にする必要があります。

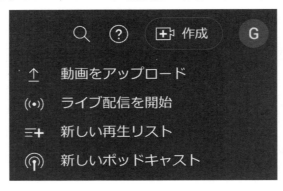

1. YouTube Studio™（https://studio.youtube.com/）にアクセスします。

2. 左側のメニューから「設定」＞「チャンネル」＞「機能の利用資格―2．中級者向け機能」を選択します。

3.「利用資格あり」になっていると思うので，「電話番号を確認」することで，ライブ配信を有効にします。

【注意点】

　初めてライブ配信を有効にする場合，実際に配信できるようになるまで最大24時間かかることがあります。

2. ライブ配信の設定と操作

【ライブ配信方法の選択】

　YouTube Live には，以下の3つの配信方法があります。

- **Web カメラ配信**：パソコンの Web カメラとマイクを使って配信する方法です。最も手軽に始められます。
- **モバイル配信**：スマートフォンやタブレットのカメラを使って配信する方法です。登録者数によって可能になります。
- **エンコーダ配信**：専用のエンコーダを使って高画質な配信をする方法ですが，難易度が高いので，今回は割愛します。

【ライブ配信の設定】

- YouTube Studio で「作成」＞「ライブ配信を開始」をクリックします。
- ライブ配信のタイトル，説明，公開設定（公開，限定公開，非公開）などを設定します。
- 必要に応じて，サムネイル画像を設定したり，チャットを有効にしたりします。
- 「配信を開始」をクリックして，ライブ配信を開始します。

【ライブ配信中の操作】

- **チャットの管理**：チャット欄で視聴者からのコメントを確認し，必要に応じて返信します。
- **アンケートの実施**：アンケート機能を使って，視聴者からの意見を収集します。
- **終了画面の設定**：ライブ配信終了後に表示する画面を設定します。

3. チャンネル登録者数50人以上のメリット

YouTube チャンネルの登録者数が50人を超えると，次のメリットがあります。

- **モバイルアプリからのライブ配信**：スマートフォンやタブレットの YouTube アプリから直接ライブ配信できるようになります。

これによってスマートフォン1台があればいつでも配信が可能になります。教職員にチャンネル登録をしてもらうなどして，登録者を増やしましょう。

4. まとめ

YouTube Live を活用することで，保護者説明会をオンラインで配信し，参加のハードルを下げ，情報共有を促進できます。YouTube のわかりやすい操作ガイドにしたがって，ぜひ挑戦してみてください。

校務DX

情報発信DX

教務DX

養護教諭DX

生徒指導DX

特別活動DX

学習指導DX

道徳DX

附属DX

情報発信 DX 51

教務DX

年間行事・月行事・週行事の予定表を
Google スプレッドシートで一括作成

Google スプレッドシートの構築の工夫で，年間行事予定を作成していたら，
月間予定・週間予定まで完成します。ここでは，その方法を説明します。

＼ 実例紹介 ／

1. 導入前の課題

　複数の予定表の作成・更新に手間と時間がかかる，予定表間の情報に齟齬が生じやすいという課題がありました。

2. 解決策

・**行事予定の一元管理**：年間行事予定，月間予定，週間予定を1つのスプレッドシートで管理しました。
・**QUERY 関数と IMPORTRANGE 関数による自動生成**：年間行事予定のシートに入力した情報から月間予定・週間予定に自動的に反映される仕組みをつくりました。

3. 導入効果

・**業務効率化**：予定表の作成・更新にかかる時間を大幅に短縮できました。
・**情報の正確性向上**：複数の予定表間での情報の食い違いを解消できました。
　年間行事予定，月間予定，週間予定をそれぞれ Excel で別々に作成しており，情報の更新や修正に手間がかかっていました。また，どれかでつくった情報をコピペすることで，貼り付けミスなども起こりやすく，各予定表の整合性を保つのも一苦労でした。
　そこで，スプレッドシートを活用し，行事予定を入力するだけで，年間・月間・週間予定までが自動的にできあがるシステムを佐々木先生がつくってくれました。これにより，教務の大幅な負担軽減につながりました。

(小林　和史)

ここでは，Googleスプレッドシートの構築の仕方について説明します。

＼ 手順紹介 ／

1. 年間行事予定表作成の手順（教務サイド）

・「入力シート」への入力：行事予定を日付・できごと・分類（学校行事，校内会議，校外行事，その他）に分けて指定の列に入力します。

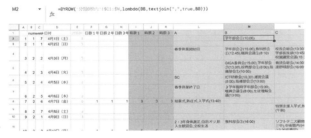

・「一覧」シートへの入力：年間を通して必要な情報をまとめます。授業時数を入力すると学年ごとに授業日数が計算されます。

ここまでの予定の入力と授業時数の入力で，自動的に2種類の年間行事予定表（教師用と保護者・生徒用）が完成します。

教務DX　53

・「月報入力」シートへの入力：月ごとの行事予定に合わせて，下校時刻や清掃・昼食の有無などを選択入力します。

・QUERY 関数と IMPORTRANGE 関数で自動反映：「一覧」シートの情報をもとに，「月報」「週報」シートに年間行事予定を自動的に反映させます。

2. 関数を使った構築の詳細

・「入力シート」：列 A～C に順に「日付」「できごと」「分類」を入力できるようにし，「分類」には「学校行事，校内会議，校外行事，その他」をドロップダウンリストで選べるようにします。

セル E1 を基準日に設定し，その年度の 4 月 1 日を入力します。

セル F1 から E1 の基準日から 1 日ずつ 4 月 2 日，3 日と順に入力していきます。ちなみに「=ArrayFormula(E$1+row(F1:F366)-1)」と入れると，自動的に 1 年分の日付が入力されます。こういうちょっとした関数を入れられると効率化が進みます。

セル G1 に次の数式を入れます。

```
=map(F1:F,lambda(FF, iferror(transpose(query(A2:B,"select B where A
= date '"&text(FF,"yyyy-mm-dd")&"'")),"")))
```

この数式は，F 列の日付に対応する列 B の内容を抽出する操作を行っています。詳細な内容は以下の通りです。

1. MAP 関数と LAMBDA（ラムダ）関数：この関数は，指定された範囲（ここでは列 F に

「FF」という名付けをしている）の各セルに対して，特定の処理を繰り返し実行します。Google スプレッドシートでは，MAP 関数は LAMBDA 関数と組み合わせて使用されることが一般的です。LAMBDA 関数は，MAP 関数内で各要素に適用する処理を簡潔に定義できるため，繰り返し処理を効率的に記述できます。

2. IFERROR 関数：この関数は，内側の処理でエラーが発生した場合に，指定された値（ここでは空文字列 ""）を返す役割をもちます。

3. TRANSPOSE 関数：行と列を入れ替える関数です。QUERY 関数で取得したデータは通常「行」として返されるため，「列」に変換するために使用します。

4. QUERY 関数：特定の条件に基づいてデータを抽出する関数です。
(A2：B,"select B where A = date '"&text(FF,"yyyy-mm-dd")&"'")
列 A の日付が FF（列 F のセル）の日付と一致する行の列 B の値を抽出するクエリです。
※「FF」で動くのは MAP 関数と LAMBDA 関数の組み合わせの影響です。
text（FF, "yyyy-mm-dd"）は，列 F の日付を yyyy-mm-dd の形式（例：2024-07-15）の文字列に変換します。

【全体的な動作】
・MAP 関数が列 F の各セルに対して以下の処理を繰り返します。
・QUERY 関数で列 A から，そのセルの日付と一致する行の列 B の値を抽出します。
・一致するデータがあれば，TRANSPOSE 関数で列に変換し，結果を返します。
・一致するデータがなければ，またはエラーが発生した場合は，空文字列 "" を返します。
例：列 F に日付 "2024-07-15" があり，列 A の同じ日付の行の列 B に "りんご" という値がある場合，この数式はそのセルの値として "りんご" を返します。
この数式によるリストアップが基本になりますが，せっかく分類をしているので，分類を反映させたいと思います。別シートに出す場合はセル A1 に基準日を，列 B に基準日を起点に 1 年分の日付を，C1 に次の数式を入れることで，学校行事に分類したものだけが抽出されるようになります。

```
=map(B1:B366,lambda(BB,iferror(transpose(query('入力シート'!$A$2:$C,"select B
where A = date '"&text(BB,"yyyy-mm-dd")&"' and C = '学校行事' ")),""))) 
```

アンダーラインのところだけが大きく異なる部分になります。

教務 DX　　55

教務 DX

年間予定を Google カレンダーでスマートに表示

Google カレンダーを活用した年間予定の表示は，情報共有の効率化，
業務効率の向上，スケジュール管理の改善に役立ちます。

＼実例紹介／

1. Google カレンダー™ に年間予定をどんどん入れよう

　本校では，Google カレンダーで作成した年間予定を職員ポータルサイト（Tasuke）に埋め込み，ページ上部に表示しています。カレンダーには，学校行事や会議など，様々な予定が詳細に記載されており，全職員がいつでも簡単に確認できるようになっています。

　例えば，7月19日に文化祭が予定されている場合，カレンダー上の「文化祭」をクリックすると，関連する詳細情報や資料にアクセスできるようにしています。従来は，紙の資料を探す手間や，持ち出して紛失するリスクがありましたが，デジタル化によってこれらの問題が解消されました。必要な情報にすぐアクセスできるため，確認作業がスムーズになり，業務効率が向上しました。

　また，年間予定カレンダーでは，全職員に関わる予定と，管理職や特定の部会などに関わる予定を色分けして表示しています。これにより，自分に関係のある予定が一目でわかるようになり，見落としを防ぐことができます。

　さらに本校では，学校行事カレンダーに加えて，進路に特化したカレンダーも作成しています。体験入学や入学説明会などの重要な情報は，色分けして表示することで，見落としを防ぎ，余裕をもったスケジュール管理を可能にしています。

　職員ポータルサイトに埋め込まれたカレンダーで，以下の効果を実感しています。

・**情報へのアクセス性向上**：いつでもどこでも年間予定を確認できるようになり，情報共有がスムーズになりました。

・**業務効率化**：紙資料を探す手間や紛失のリスクが減り，業務効率が向上しました。

・**見通しのよいスケジュール管理**：カレンダー形式で予定を表示することで，今後の予定を把握しやすくなり，計画的な業務遂行が可能になりました。

・**情報伝達の正確性向上**：常に最新の情報を共有できるため，伝達ミスを防ぐことができます。

（鳴海　文彦）

ここでは，Google カレンダーの設定の仕方と埋め込みについて説明します。

手順紹介

1. Google カレンダーへ予定を埋め込もう

　実例紹介ではすでに埋め込まれた Google カレンダーをどんなふうに活用しているかを紹介しました。ですが，予定を１つずつカレンダーへ追加していると，使う方は便利かもしれませんが，用意する方は大変です。予定表からカレンダーへデータを流し込む仕組みが必要です。

　YouTube をはじめとするインターネット上には，Google スプレッドシートの予定表からカレンダーへ流し込む GAS（Google Apps Script）を紹介する情報がいくつかあります。自分にあった使いやすいものを探してみましょう。また，ChatGPT や Gemini などの生成 AI を活用すれば，GAS の知識がなくても，プロンプト（命令文）を入力するだけでスクリプトを作成できます。

　今回は，GIGAch の動画（https：//youtu.be/S2gKdofV4Ec?si=LUq4MtdLqE_fuzSH）を参考に GAS を作成しました。

　GAS でデータをカレンダーにスムーズに移行させるためには，スプレッドシートのデータ形式が重要です。GAS が正しく情報を解釈できるよう，事前にデータの入力方法を設計しておきましょう。

　例えば，上記の参考動画では，行事予定表が月ごとに横に並び，日付の横にカンマ区切りで予定が入力されています。この形式に合わせて年間予定表を作成すれば，GAS を実行するだけで，カレンダーに年間行事予定が追加され，簡単に年間予定表を完成させることができます。

　１つ前の年間行事予定の項で紹介した，自動的にできあがる行事予定表は，この形にあわせて設計しています。そのため，予定を追加し終えた後に，カレンダーに流し込む GAS を動かすと，カレンダーに年間行事予定が追加されて完成する，という流れになります。「どういう形でデータが整理されればいいのか」というゴールを意識しながらデータの入力方法を設計することで，スムーズにデータの移行が行われます。

2. Google カレンダーを共有しよう

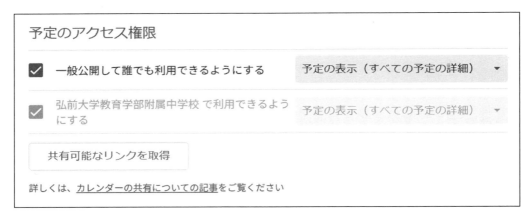

　Google カレンダーの「設定」を開き，作成したカレンダーは教員向けなのか，保護者向けなのか，などの確認をして，「アクセス権限」を設定しましょう。

　また「カレンダーの統合」から，公開 URL や埋め込みコードをコピーして，Google サイトに貼り付けるか，サイトの挿入からカレンダーを選んで挿入するかを選べます。表示内容や大きさなどのカスタマイズもこの部分で調整が可能です。

　また，共有されてサイトに埋め込まれたカレンダーの右下には「＋ Google カレンダー」という表示があり，ここをクリックすると，クリックをしたアカウントにカレンダーが追加されます。保護者の方がクリックをして，カレンダーを追加すれば，次からは，保護者サイトを開かなくても，カレンダーアプリから予定表を確認できるようになります。

3. 予定に関連データを追加しよう

予定がわかったけれど，その詳細な内容を知りたいと思ったときに，要項を探したけれど見つからないというときがあります。予定をクリックしたときに要項のファイルを開けると，カレンダーの活用意義がより高まります。

ファイル添付のマーク（クリップマーク）や「会議メモを作成」のところでドキュメントを作成できます。すでに作成されている PDF ファイルや，ドキュメントで要項を作成することで，カレンダーの予定をクリックしたときに，データへアクセスができるようになります。

教務 DX　59

教務 DX

時間割の手間を削減

Google スプレッドシートの構築の仕方で時間割の手間を大きく削減できます。
ここでは，その設定方法を説明し，効果を紹介します。

＼ 実例紹介 ／

1. スプレッドシート，サイト，Classroom を活用して，時間割の作成と共有を効率化

　以前は，Excel で時間割を作成していましたが，修正のたびに印刷し直す必要があり，手間がかかっていました。また，変更内容を教職員や生徒に伝えるのも一苦労でした。そこで，Google スプレッドシートを活用し，入力・集約・表示用のシートを連携させることで，時間割作成の自動化に挑戦しました。

　最初は関数の設定に戸惑いましたが，一度仕組みをつくってしまえば，あとは入力するだけで，自動的に時間割が完成するようになりました。変更があった場合も，スプレッドシートを更新するだけで，すぐに全員が最新の情報を確認できるようになりました。

　作成した時間割は，生徒には Google サイトで，教師には Google Classroom で共有しています。

　各クラスのポータルサイトに時間割を埋め込むことで，生徒はいつでもどこでも自分のクラスの時間割を確認できます。

　教職員向けには，Classroom「教務の部屋」で時間割を共有しています。また，時間割が変更になった際も，Classroom で通知できるので，教職員への情報伝達もスムーズになりました。さらに，時間割シートには，自分の担当時間や授業変更が一目でわかるように，条件付き書式を設定しました。例えば，自分の名前を入力すると，該当するセルが自動的に色分けされるようにしています。これにより，時間割の確認が格段に楽になりました。

　以前は，全クラス・全教師の時間割を印刷して配布していましたが，サイト・Classroom で共有することで，大幅なペーパーレス化（印刷時間も，印刷枚数も大幅削減）を実現できました。

　このシステムを導入したことで，時間割の作成・共有にかかる時間が大幅に短縮され，教職員の負担が軽減されました。空いた時間を，授業準備や生徒とのコミュニケーションに充てられるようになったことは，大きな収穫です。

(小林　和史)

ここでは，時間割スプレッドシートについて説明します。

✎ 手順紹介 ✎

1. Google スプレッドシートによる時間割作成の自動化

Google スプレッドシートを活用し，入力用シート，集約用シート，表示用シートの３種類のシートを連携させることで，時間割作成の自動化を実現しました。

バージョン履歴を見ると2017年にスプレッドシートに対応させています。シートを分離させたのは2022年です。

	A	B	C
2	バージョン		
3	1.00	6/14/2006	開発バージョン
4			V1，V2をより軽量に改善
12	2.00	6/7/2015	縦の同じ授業が入ったセルに色付け 同日に同じ授業が入ったセルに色付け 不在教員のセルも重なった場合は色付け
13	2.10	9/19/2015	不材教員のセルの色を変更
14	2.20	1/20/2016	ファイル形式を.xlsxに変更 印刷生徒を頭文字のみの表示に変更 入力シートに検索機能追加 入力シートの不在教員欄に色がつく不具合を改善
15	2.21	1/21/2016	同じ担当者の授業が重なった時に色がつく仕様に変更 （2.20の不材教員欄に色がつく仕様自体がなくなる） 非表示の土曜日・日曜日のセルも色付けに対応 印刷生徒も土曜日・日曜日の非表示に対応
16	2.22	1/26/2016	体育・音楽・理科が全学年で同時間に一定数重なったセルにそれぞれ色付け
17	2.30	1/28/2016	先生方が印刷できるタブを設置 ・入力して色をつけられる ・それ以外のセルへの操作を禁止 理科が同学年で2時間入ったセルに色付け
18	3.0	3/15/2017	スプレッドシートへバージョン変更
19	4.0	3/08/2022	入力元と反映原版へ分離

【入力用シート】

年間を５分割（４〜６月，７〜９月など，教育実習の期間なども考えて分割）し，各期間の入力用シートを作成します。

入力用の初期設定のシートに教科担当者の名前を入力しておきます。

①担当学級

	1A	1B	1C	1D	2A	2B	2C	2D	3A	3B	3C	3D
国語	①今	①今井	樋	①樋	小山	①駒	駒井	①駒	①小	髙杉	①小	髙杉
社会	武田	森山	武田	森山	①佐	①佐々	①佐	①佐	①工	①武	①武	
数学	①村	①村	①村	②村	鳴海	長内	①鳴海	鳴海	①八	①奈	①奈	①八
理科	①小	①小	①小	②小	②小	①山田	①山	①山	①村田	②村	②村	②村
音楽	①川	①川	①川	①川	②川	②川	②川	②川	③川	③川	③川	③川
美術	①鎌	①鎌	①鎌	①鎌	②鎌	②鎌	②鎌	②鎌	③鎌	③鎌	③鎌	③鎌
保体	武志	武志	武志	武志	對馬	對馬	對馬	對馬	羽村	羽村	羽村	羽村
技術	①中	①中	①中	①中	②中	②中	②中	②中	中嶋	中嶋	中嶋	中嶋
家庭	冨本	冨本	冨本	冨本	冨本	冨本	冨本	冨本	冨本	冨本	冨本	冨本
英語	藤元	藤元	藤元	藤元	尾張	①昌	昌憲	①昌	①尾	②野	①野	②野
道徳	山田	冨本	奈良	森山	對馬	駒井	鎌田	鳴海	小山	中嶋	羽村	八木
学活	山田	冨本	奈良	森山	對馬	駒井	鎌田	鳴海	小山	中嶋	羽村	八木
総合	山田	冨本	奈良	森山	對馬	駒井	鎌田	鳴海	小山	中嶋	羽村	八木
行事	山田	冨本	奈良	森山	對馬	駒井	鎌田	鳴海	小山	中嶋	羽村	八木
自治	山田	冨本	奈良	森山	對馬	駒井	鎌田	鳴海	小山	中嶋	羽村	八木
T実	山田	冨本	奈良	森山	對馬	駒井	鎌田	鳴海	小山	中嶋	羽村	八木
Fタイム	山田	冨本	奈良	森山	對馬	駒井	鎌田	鳴海	小山	中嶋	羽村	八木
道徳	山田	冨本	奈良	森山	對馬	駒井	鎌田	鳴海	小山	中嶋	羽村	八木

②職員名簿（左の表にある
※5教科が上だと後での入…

1	小山	国語
2	樋口	国語
3	駒井	国語
4	今井	国語
5	髙杉	国語
6	森山	社会
7	佐々	社会
8	工藤	社会
9	武田	社会
10	八木	数学
11	村上	数学
12	奈良	数学
13	鳴海	数学
14	長内	数学
15	村田	理科
16	山田	理科
17	小林	理科
18	生田	理科

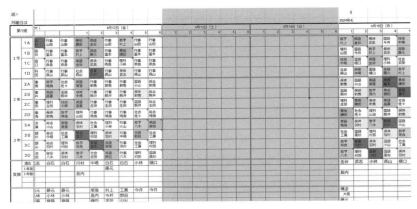

　入力シートには，クラスごとに，曜日・時間に，教科と担当教員を入力します。初期設定をしておいたので，入力はドロップダウンリストになっています。

　このシートは，教務主任が入力・編集する権限をもつように設定します。

【集約用シート】

IMPORTRANGE 関数を使用して，各入力用シートのデータを１つのシートに集約します。

　例えば，前期の入力用シートの A1：G7 の範囲をインポートする場合，

　=IMPORTRANGE（"前期シートの URL","'シート1'!A1:G7"）

のように入力します。画像の UD 列のところに数字や文字列が入っていますが，これで範囲を確定させています。

　すべての入力用シートのデータを同様の方法でインポートし，年間全体の時間割を１つのシートで確認できるようにします。が，実際にはこれで確認をしません。

【表示用シート】

　QUERY 関数と IMPORTRANGE 関数を使用して，集約用シートから週番号に基づいて時間割を抽出し，表示します。

例えば，先程の画像の「550」の下にある14は週番号です。週番号を入力するセルに「14」を入力すると，14週目の時間割が表示されました。「小林」の名前に反応する条件付き書式で，小林先生の授業がどこに入っているかも確認できます。

　これにより，週番号を変更するだけで，該当する週の時間割が自動的に表示されます。

import!						import!UD6:VS35									
14										小林					
	7月1日（月）						7月2日（火）						7月3日		
	1	2	3	4	5	6	1	2	3	4	5	6	1	2	3
A	理科 小林	英語 金谷	社会 武田	保体 武志			技術 中嶋	数学 村上	保体 武志	社会 武田	理科 小林	国語 今井	数学 村上	社会 武田	英語 金谷
B	数学 村上	国語 今井	保体 武志	英語 藤元			数学 村上	理科 小林	国語 今井	技術 藤元	技術 中嶋	社会 森山	国語 武志	理科 森山	理科 小林
C	美術 鎌田	数学 奈良	英語 金谷	国語 樋口			数学 奈良	社会 武田	理科 小林	技術 中嶋	保体 武志	国語 樋口	国語 樋口	英語 金谷	音楽 川村
D	英語 藤元	美術 鎌田	数学 村上	理科 小林			社会 森山	技術 中嶋	英語 藤元	英語 武志	国語 樋口	理科 小林	社会 森山	音楽 川村	数学 村上
A	英語	理科 山川	音楽 川村	数学			保体	国語	数学	社会	理科	英語	社会	保体	数学

2. Google サイトと Google Classroom での時間割共有

　作成した時間割は，Google サイトと Google Classroom で共有します。

【Google サイトでの共有】

1A	8/26 (月)	8/27 (火)	8/28 (水)	8/29 (木)	8/30 (金)	8/31 (土)	9/1 (日)
1	数	数	音	技	国		
2	国	保	社	理	音		
3	英	国	保	社	英		
4	道	理	英	国	保		
5	理	学	数	英	家		
6	家	美		数	理		

　各クラスのポータルサイトに，表示用シートを埋め込みます。

　生徒はポータルサイトにアクセスするだけで，いつでも最新のクラス時間割を確認できます。

【Google Classroom での共有】

　教職員向けに，Classroom の「教務の部屋」に表示用シートを「コピーとして配布」します。

　教職員は各自のコピーで，担当クラスの時間割を確認できます。

　時間割が変更になった場合は，Classroom で再度配付したことをチャットで伝えることで，教職員への情報伝達をスムーズに行えます。

養護教諭 DX

フォームで健康観察を入力し，自己管理能力を育もう

健康観察を子どもたちが Google フォームに入力をすることで，学級での
健康観察の時間が，より意味のあるものに変わります。

実例紹介

1. 健康観察を Google フォームで入力しよう

　2008年に文部科学省から出された「教職員のための子どもの健康観察の方法と問題への対応」では，以下の３点が健康観察の目的として打ち出されています。

1　子どもの心身の健康問題を早期発見し，早期対応を図る。

2　感染症や食中毒などの集団発生状況を把握し，流行の拡大や予防対策を図る。

3　継続的な実施によって，子どもに自他の健康に興味・関心をもたせ，自己管理能力の育成を図る。

　また，健康観察は「学級担任をはじめ教職員により行われる」ものとされています。特に１にあるように，子どもたちの表情の変化の機微から異変を察知することが大切です。しかし，実際には，体調が悪いにも関わらず言い出せず，後で保健室に駆け込んでくる子どもたちも少なくありませんでした。

　Google フォームを使って子どもたち自身に入力してもらうことで，体調不良を隠しがちな子どもも，自分の状態を正確に伝えられるようになりました。データがクラスごとに一覧化されるため，自分のクラスだけでなく，全校生徒の健康状態を把握できるようになったことも大きなメリットです。学年の教職員も必要に応じて子どもたちに声かけをする流れができています。

　大切なのは，「学級担任がやるべきこと」として捉えるのではなく，学校全体で生徒の健康状態を把握し，早期対応や予防対策を図れるように連携することです。デジタル化によって，この連携がよりスムーズに，効果的に行えるようになりました。

　また，健康観察フォームでは，「心の天気」も入力してもらっています。雨模様や雷と回答した子どもたちは，実際に保健室に来ることが多い傾向にあり，担任や学年の教職員と連携して対応するための貴重な情報源となっています。また，自分の心の状態を客観的に見つめ，天気で表現することで，子どもたちの自己管理能力を育むことにつながると考えます。

（齋藤　安衣・西岡　丸佳）

> ここでは，健康観察フォームで集めたデータを見える化する方法について説明します。

＼ 手順紹介 ／

1. Google フォームで健康観察をしよう

Google フォームで次のデータを回収します。

・**体温**：入力の段階で半角や全角などのブレがないように，プルダウンで設定している（コロナ禍が過ぎたら検温は必須ではなくしました）。

・**体調**：「回答に応じてセクションに移動」を使って，体調がよければ次の質問へ，悪ければ体調について記載する。

・**ケガ**：上と同様に，ケガがなければ次の質問へ，あればケガについて記載する。

健康観察フォーム

あなたの今日の体調を入力してください。
※結果は先生方が確認しています。
相談したいことなどなにかあれば，『体調良くない』を選択し，次のセクションの『その他』に内容を入力してください。

体温
35.0より低い場合は35.0を選んでください。　38.0より高い場合は38.0を選んでください。
※必須ではありません。感染症流行時期になった際には必須になることもあります。

選択　▼

体調

ケガについては次のセクションで
相談したいことなどなにかあれば，『よくはない』を選択
他』に内容を入力してください。

今日の体調はどうですか？ *
○ いい
○ よくはない

ケガ

ケガをしていますか *
○ していない
○ している

ケガくわしく

ケガの部位 *
□ 頭
□ 顔
□ 首
□ 肩
□ 腕（肘ふくむ）
□ 手（手首ふくむ）
□ 胸
□ 腹
□ 背中
□ 腰
□ 脚（ひざふくむ）
□ 足（足首ふくむ）
□ その他：

状態 *
○ 捻挫（ねんざ）
○ 骨折
○ すり傷
○ 切り傷
○ 突き指
○ 打撲（だぼく）
○ その他：

症状 *
あてはまるものを全て選んでください　あてはまらない場合はその他に記入してください
□ かぜ
□ アレルギー
□ 鼻炎
□ 咳
□ 熱っぽい
□ 頭痛
□ 腹痛
□ だるい
□ 気持ちが悪い
□ 吐き気
□ その他：

養護教諭 DX　65

・**心の天気**：気持ちの安定・不安定を「晴れ」「くもり」「雨」「雷」の4段階で自己評価する。

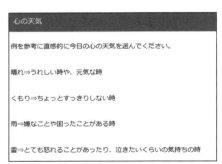 

2. 見える化メソッド～Google スプレッドシート

　健康観察を Google フォームで行ったときに，データを集計する方法を知らなければ，逆に煩雑になってしまうおそれがあります。

　生徒が1のフォームを送ったら，別のシートで誰が提出をしたか，していないかをチェックできるようにしています。

　全クラスの健康観察を1つの Google スプレッドシートで確認できるようにしているので，養護教諭にとっても便利ですし，他の教職員にもメリットがあります。例えば学年主任が学年の子どもたちの提出状況を見たり，他学年から授業に来ている先生や部活の先生が生徒の様子をチェックしたり，これまで学級担任と養護教諭にしかわからなかった情報が共有できるようになっています。

　そのやり方を見ていきましょう。

　クラスごとに分けて表示する際に必要な情報は，送信した日時，（送信した生徒の）年度，学年，組，番号です。

　まず，クラス別に表示する新しいスプレッドシートを開きます。

　次に IMPORTRANGE 関数で，健康観察フォームとリンクしているスプレッドシートからデータを転送します。これにより，コピー＆ペーストなどの作業をせずに，生徒がフォームで送信したものが自動的に表示されるようになります。このスムーズなデータの連携がGoogle の一番のよさ，と言っても過言ではないでしょう。

```
=importrange("データがあるスプレッドシートのURL","移したいデータの範囲")
```

　ちなみに，移したいデータの範囲は「'シートの名前'!セルの範囲」です。シートの名前が日本語や全角なら'' が必要になります。半角英数なら'' は不要です。

　注意点は，表示させるシートの範囲よりも，表示させたいデータの範囲が大きいとエラーが

起こるという点です。

　健康観察等で，いちいち学年・組・番号を入力（選択）させるのではなく，送信をしたら，自動的に振り分けられるようにしたいので，アカウント（メールアドレス）の命名規則をクラスや番号がわかる形にしています。年度が変わると，アカウントを更新することで，クラス・番号の変更に対応しています。

　学年・組・番号などを入力させる仕組みにされている場合は，次の作業は不要になります。

　タブ「フォームの回答」で，データの入っている最終列の1つ右側の2行目（最終列がP列ならQ2）に，次の数式を入れて8桁の固有番号を取り出します。

```
=ArrayFormula(iferror(mid($B2:B,1,8),""))
```

　メールアドレスが入っている列を選び，そこから@より前の文字列を取り出す関数（LEFT関数やMID関数）になっています（配列関数ARRAYFORMULA関数については103ページ参照）。MID関数は，「文字列の左から何番目を何文字取り出します」という関数です。今回だと「左から1文字目（先頭）から8文字取り出します」という内容になっています（LEFT関数でも代用可）。ちなみにIFERROR関数は「この式でうまくいかなかったら，こうしてね」という関数で，今回の場合は，「左から……の内容がうまくいかなかったら空白（""）にしてね」という内容になっています。

　次に固有番号から年度と学年・組・番号に分割します。次の式を応用してみましょう。

```
=ArrayFormula(if($K2:$K="","",value(mid($K2:$K,5,1))))
```

　取り出した固有番号が「K」列にあると仮定して，そこが空白（""）だったら空白に，空白じゃなかったら学年・組・番号を表示するという内容です。Valueは文字列を数字に変える関数で，意外と重要な部分です。

　ひとまず，「本日」の健康観察がチェックできればいいので，新しいシートを作成します。新しいシートをつくったら，セルA1にTODAY関数（=today()）を入れます。

養護教諭DX　67

養護教諭 DX

欠席連絡の一元化

保護者からの欠席連絡と教職員の欠席入力を一元化することで，
養護教諭が本当にするべき来室した児童・生徒の心と体の健康管理に時間を割けます。

実例紹介

　本校では2020年度の後期から Google フォームを使った保護者からの欠席連絡を試験的にスタートし，2021年度から本格実施しました。目的の一つは教職員の働き方改革で，朝の電話対応の時間を削減することもあったのですが，養護教諭の視点から書きたいと思います。

　私たち養護教諭の一番の仕事は保健室に来室した子どもたちの様子を見て，対応をすることですが，保健日誌など学校運営を支える役割もあります。そういう視点に立つと，欠席フォームに送られた子どもたちは所在の把握ができますが，フォームに送られていないけれど，所在がわからない子どもたちの把握に対して，非常に気を遣います。子どもたちは，いないことを理由も含めて把握されているのか，各学年の教員に確認をして，所在を明らかにすることがとても大切でしたし，そこに気を遣い，多くの時間をかけていました。

　電話連絡を受けた生徒について職員室からも欠席フォームが入力されていたのですが，職員室には出欠用のホワイトボードもあったため，ホワイトボードがメインの扱いになっていました。しかし，ホワイトボードは係生徒が記入をしに来ていて，情報の正確さに難がありました。また，遅刻・早退についても，いつ来ていつ帰ったのかがわからないこともありました。欠席フォームを見ても，ホワイトボードを見ても情報が不正確・不十分なので，結果的に学年の教員に情報を聞きに行くということが必要でした。

　いろいろと要望を出して，欠席フォームにリンクした Google スプレッドシートへデータを集約することができるようになりました。各学年で所在不明者がいないように取り組んでくれていることが一元化・見える化されて，1日で15分程度ですが，所在不明者の確認にとられていた時間がなくなり，来室した子どもたちの対応に専念できることが増えました。

　また，保護者の方が入力されたことから，その日の欠席・遅刻・早退がわかるだけでなく，子どもたちのちょっとした変化についての相談の希望などもわかるようになっています。こういう点についての情報共有や，早退する生徒の連絡や帰宅準備などを Google Chat で送信すると職員室の教職員が対応してくれるスムーズな連携にもとても助けられています。

（齋藤　安衣・西岡　丸佳）

ここでは，2種類の Google フォームと Google スプレッドシートへの集約の方法について説明します。

＼ 手順紹介 ／

1. 保護者用の欠席連絡システムを Google フォームで作成する

Google フォームを立ち上げ，「設定」タブを開きます。設定の「回答」を展開します。「メールアドレスを収集する」をオンにしておくことで，なりすましを予防する意味もあります。重要なことは「組織と信頼できる組織のユーザーに限定する」を「オフ」にすることです。保護者に登録してもらっているアカウントは個人の Google アカウントなので，組織ユーザーではありません。この部分が「オン」になっていると「権限が必要です」と表示されてしまいます。

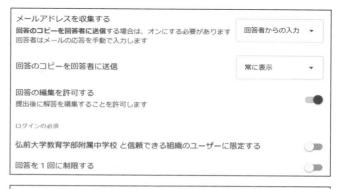

次に「質問」を編集します。本校の欠席フォームを例に説明します。

質問	回答形式	必須／任意	備考
クラス	プルダウン	必須	その他のクラスがないので
生徒氏名	記述式	必須	
欠席日	カレンダー	必須	
内容	ラジオボタン	必須	欠席・遅刻・早退・忌引から選択
欠席・遅刻・早退の理由	チェックボックス	必須	
体温	ラジオボタン	必須	体温はおおよその値
詳細	段落	任意	理由の詳細
その他	記述式	任意	学級担任への相談等

このフォームの回答画面を表示してもらうためにはいろいろな方法がありますが，保護者へのなりすましを防ぐ意味で，保護者サイトへ埋め込んでいます。保護者サイトへのアクセスを限定しているため（保護者サイトの項を参照），保護者が許可しない限り，他人や生徒本人が欠席を入力することはできません。

　GoogleフォームをGoogleサイトに埋め込むには，まずGoogleサイトを開き，欠席連絡フォームを埋め込みたいページに移動します。ページの編集権限を持っていることを確認し，編集モードに切り替えます。

　編集モードになったら，フォームを埋め込みたい場所にカーソルを置き，「挿入」メニューをクリックします。表示されるメニューの中から「フォーム」を選択します。

　すると，Googleフォームの一覧が表示されるので，埋め込みたいフォームを選択します。フォームが選択されると，自動的にサイト内に埋め込まれ，プレビューが表示されます。埋め込みが完了したら，変更を保存します。

　保護者には，このGoogleサイトのURLを共有することで，フォームへのアクセスを限定し，安全に欠席連絡を行えるようにします。サイトへのアクセス制限を設定することで，部外者による不正なアクセスを防ぎ，個人情報の保護を強化できます。

2. 教師入力用の欠席連絡フォームをつくる

　すべての保護者がフォームで回答できるわけではないので，電話連絡などを受けた場合に教員が入力することもあります。誰が電話を受けてもスムーズに対応できるように，名前が入力済みのフォームを準備します。

　プルダウンやラジオボタンを選んだときに，スプレッドシートなどに名簿があれば，名簿をコピー＆ペーストするだけで，プルダウンリストを簡単に作成できます。さらに，ちょっとしたテクニックですが，A列に番号，B列に名前にすれば，番号と名前をセットにすることも可能です。

セクション	質問	回答形式	必須／任意	備考
1	クラス	プルダウン	必須	「回答に応じてセクションに移動」させる
2	生徒氏名／1学年	プルダウン	必須	学年ごとにセクションに分ける 名簿をコピペする
3	生徒氏名／2学年		必須	
4	生徒氏名／3学年		必須	
5	内容	ラジオボタン	必須	欠席・遅刻・早退・忌引から選択
	欠席・遅刻・早退の理由	チェックボックス	必須	
	体温	ラジオボタン	必須	体温はおおよその値
	詳細	段落	任意	理由の詳細
	その他	記述式	任意	学級担任への相談等

3. データを集約しよう

　最終的にこのような表示用のデータを作成することを目指します。その日の欠席・遅刻・早退の連絡が自動的に一覧になっている状態が理想的です。

8月25日（日）

クラス	生徒氏名	内容	欠席・遅刻・早退の理由	体温	の詳しい理由に	備考
1A		遅刻	頭痛	37.0未満		
1B		欠席	頭痛	37.0未満		
1C		欠席	風邪	37.0未満		
2B		遅刻	吐き気	37.0未満		
2C		欠席	医療機関受診済, 発熱, かぜ症状	37.0未満	インフルAと診断	
2D		早退		37.0未満		
3A		遅刻				11:00登校
3B		遅刻	11時10分に登校			
3D		欠席	頭痛	37.0未満		

＋　≡　　フォームの回答2　▾　　フォームの回答1　▾　　シート1　▾

　ただ，別のフォームを集約するのにいくつか工夫が必要なので，この後紹介していきます。

養護教諭 DX　　71

まず，どちらのフォームでも構いませんが，「回答」タブで「スプレッドシートにリンク」をクリックします。「回答の送信先を選択」画面が表示されるので，「新しいスプレッドシートを作成」を選択します。ちなみに，フォームに名前を付けておくと，スプレッドシートの名前も自動的にフォーム名になります。

　もう一方のフォームでは「既存のスプレッドシートを選択」を選択し，「欠席連絡フォーム（回答）」を選びます。タブの名前に紫色のフォームアイコンが付いています。これで１つのスプレッドシートに複数のフォームの回答が集約されるように設定されました。

【保護者入力用のヘッダー行】

A	B	C	D	E	F	G	H	I	J
タイムスタンプ	メールアドレス	クラス	生徒氏名	欠席日	内容	欠席・遅刻・早退の理由	体温	詳しい理由	備考

【教師入力用のヘッダー行】

A	B	C	D	E	F	G	H	I	J
タイムスタンプ	クラス	生徒名1学年	生徒名2学年	生徒名3学年	内容	欠席・遅刻・早退の理由	体温	詳しい理由	備考

　フォームの回答シートで，ヘッダー行を見ると，「クラス」がC列とB列に存在し，「生徒名」が３つに分かれており，「欠席日」がないなどの違いがあります。集約するには，ヘッダー行を揃えてデータを整理する必要があります。

　まずは，先生が入力したデータを学年ごとに抽出します。

　新しいタブを３つ追加し，それぞれ「１」「２」「３」と学年の番号を設定します。

それぞれのタブのセル A2 に，次の QUERY 関数を入力します。

```
=query(' フォームの回答 2'!A:J,A1)
```

※「フォームの回答 2」の部分は，フォームを作成した順番によって異なります。今回は，教師が入力したフォームを「フォームの回答 2」としています。

これで，セル A1 に入力したクエリに応じてデータが整理されるようになります。

1 年生のデータを例に説明します。タブ「1」のセル A1 に，次のクエリを入力します。

```
Select B,C,A,F,G,H,I,J where B like '%1%'
```

A2	▼	*fx* =query('フォームの回答 T'!A:J,A1)	
	A	**B**	**C**
1	Select B,C,A,F,G,H,I,J where B like '%1%'		
2	クラス	生徒名	タイムスタンプ

このクエリについて，分割して説明します。

- `Select B,C,A,F,G,H,I,J`：保護者入力用のヘッダー行の CDE 列に合わせたいので，教師入力用のヘッダー行の BCA 列を対応させます。教師入力用のヘッダー行は，「クラス」，「生徒名 1 学年」，「タイムスタンプ」……の順に並ぶように設定されています。これにより，2 年生と 3 年生の生徒名の列は表示されません。
- `where B like '%1%'`：B 列に「1」を含むデータのみを抽出します。B 列は「クラス」を表すため，1 A，1 B，1 C，1 D のみが表示され，2 年生と 3 年生のクラスは表示されません。
- もう一手間：タブ「1」の C 列にはタイムスタンプが表示されていますが，これを日付形式で表示します。C 列を選択し，「表示形式」から「数字」→「日付」の順に選択すると，時間は省略され，日付のみが表示されます。後ほどこの日付を抽出条件に利用するため，この操作が重要です。

「2」「3」のタブでも同様の操作を行いますが，「Select B,C,A,」の C を「D」「E」に，また「where B like '%1%'」の部分を「'%2%'」「'%3%'」にそれぞれ変更することで，2 年生と 3 年生のデータのみを表示できます。

4. 整理したデータを一つに集約しよう

各タブに「クラス」「名前」「欠席の日付」「内容」の順にデータが整備されたので，複数タブのデータを一つのタブに集約しましょう。集約するタブの名前はなんでも構いません。今回

養護教諭 DX　73

は「x」とします。

| A1 | ▼ | fx =query({'フォームの回答 2024'!C:J;'1'!A2:H;'2'!A2:H;'3'!A2:H}, "where Col1 is not null") |

	A	B	C	D
1	クラス	生徒氏名	欠席日	内容

タブ「x」のセル A1 に次の数式を入力します。

```
=query({'フォームの回答 1'!C:J;1!A2:H;'2'!A2:H;'3'!A2:H}, "where Col1 is not null")
```

　ブレース（{}）で囲み，セミコロン（;）で区切られている箇所と，ダブルクオーテーション（"）で挟まれた「Col1」がポイントです。セミコロンで4つの範囲がつながれていますが，すべて A～H，C～J と「8列分のデータ」で構成されています。データ量が揃っていることが重要です。

　これまでのクエリでは，where B のように B 列を指定していました。しかし，複数範囲を指定する場合，C 列に異なる種類のデータが入っていると正常に動作しません。そのため，連結した範囲では Col（column の略）＋半角数字で何列目を参照するかを指示します。

　これで，最終的な表示用のデータベースが完成しました。

5. 表示用のシートをつくろう

　データベースができたら，最後は表示用シートです。セル A1に =Today() と入力すると，その日の日付が表示されます。セル B1に =query(x!A:H,"select A,B,D,E,F,G,H where C = date '"& TEXT(A1,"YYYY-MM-DD") &"' order by A ") と入力すると，データベースから「今日の日付」に該当するデータのみを抽出できます。

| B2 | ▼ | fx =query(x!A:H,"select A,B,D,E,F,G,H where C = date '"& TEXT(B1,"YYYY-MM-DD") &"' order by A ") |

▶ B	C	D	E	F	G
1			**8月25日（日）**		
2	クラス	生徒氏名	内容	欠席・遅刻・早退の理由	体温	「その他の症状」や「医師の診断」などの詳しい理由についてはこちらに入力してください

　クエリ内の「&」や TEXT 関数はやや複雑ですが，ここでは日付を YYYY-MM-DD 形式（例：2024-01-03）で表示し，クエリ内で日付として認識できるようにしています。この部分は中・上級者向けなので，そのまま入力して真似することをおすすめします。

　ここまでできたら，メニューの「表示形式」から「交互の背景色」で色をつけたり，日付セルを結合して大きく表示するなど，見やすく工夫できます。

　これを職員ポータルサイトに掲載すれば，いつでも欠席者を確認できるようになります。

＼ おまけ ／

　最後に少し話題が変わりますが，Looker Studio を紹介します。これは，前項の健康観察で特に活用できます。Looker Studio を使うことで，データをわかりやすいグラフや表で表現することができます。さらに，表やグラフの一部をクリックすることで，その範囲の情報だけを絞り込んで見ることができ，詳細な分析が可能です。

1. Looker Studio 活用例

- **健康観察データの可視化**：生徒の体温や体調の変化を時系列でグラフ化し，健康状態の傾向を把握できます。下の図は「心の天気」を見える化したものです。特定の期間やクラスに絞り込んで表示することも可能です。
また，グラフをクリックすることで「雨の生徒は誰か」を確認することもできます。

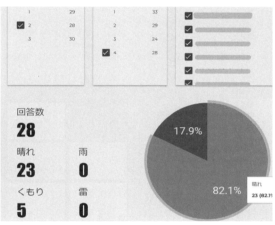

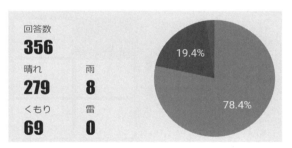

　　　全校の様子　　　　　　　　　クラスを選択したときの様子

2. Looker Studio 導入のメリット

- **直感的な操作**：ドラッグ＆ドロップで簡単にグラフや表を作成できます。また，表やグラフのデータにさわることで，該当するデータを抽出できます。
- **リアルタイムなデータ更新**：Google スプレッドシートと連携することで，データの更新を自動的に反映できます。常に最新の情報を把握できます。

　Looker Studio は，養護教諭がデータを効果的に活用し，生徒の健康管理や保健指導を充実させるための強力なツールです。ぜひ，あなたの学校でも Looker Studio を導入し，データに基づいた保健室運営を実践してみてください。

生徒指導 DX

困ったときにはヘルプスタンプ！
緊急時の生徒指導に対応

　　　　Google フォームと Google Chat を連携させることで，生徒からの「ヘルプ」に
すぐに気づけるようになります。ここでは，その方法と効果について説明します。

＼ 実例紹介 ／

1. ヘルプスタンプの仕組み

　本校では，Google フォームを利用して，「ヘルプスタンプ」という SOS を発信できるシステムを導入しています。「F ボード」という生徒用のポータルサイトのわかりやすい位置に「ヘルプスタンプ」ボタンを設置しています。

　生徒がヘルプスタンプからフォームを送信すると，教職員に Google Chat を通して「ヘルプスタンプが押されました！」というメッセージが送信されます。

　教職員は，フォームの回答履歴から誰がヘルプスタンプを押したかを確認し，すぐにその生徒の元へ駆けつける体制を整えています。生徒には，困ったときや相談したいとき，身の危険を感じたときなど，いつでも気軽にヘルプスタンプを押していいことを伝えています。ふざけて押す生徒もいるかもしれませんが，叱るのではなく，「何事もなくてよかった」という安心を伝えていくことで，生徒も押していいんだということを実感してくれると思います。

2. ヘルプスタンプのあたたかさ

　中学校生活を送る中で，悩みや問題に直面することは避けられません。それらを自力で解決することも大切ですが，この時期の生徒は悩みを一人で抱え込んでしまう傾向があります。本校では，少なくても月に一度くらいはヘルプスタンプが押されています。生徒同士のトラブルや問題行動，家庭の悩みなど，内容は様々です。しかし，ヘルプスタンプがあるおかげで，困っている生徒にいち早く寄り添うことができます。顔見知りの先生がすぐに駆けつけてくれるという安心感は，生徒にとって大きな支えになっていると感じています。

　これまで勤務してきた学校では，市町村や県で運営している SOS 電話や LINE の取り組みがありました。しかし，ヘルプスタンプは，顔見知りの先生がすぐに駆けつけてくれるという点で，より生徒にとって身近で安心できるシステムだと感じています。

（奈良岡寛大）

ここでは、Google フォームから Google Chat スペースへの自動送信の構築の仕方について説明します。

手順紹介

1. ヘルプスタンプの仕組みとメリット

生徒指導において、生徒の SOS を早期に察知し、適切な対応を行うことは非常に重要です。しかし、SOS を出すことをためらう生徒も少なくありません。そこで、Google フォームと Google Chat を活用した「ヘルプスタンプ」システムを構築することで、生徒が気軽に SOS を発信できる環境を整えられます。

ヘルプスタンプは、生徒がフォームからワンクリックで SOS を発信できる仕組みです。フォームから送信された情報は、Webhook を利用した GAS（Google Apps Script）によって、教職員が所属する Chat スペースに通知されます。これにより、教職員は迅速に状況を把握し、生徒への対応を開始できます。ヘルプスタンプのメリットは、以下の点が挙げられます。

- **生徒の心理的ハードルを下げる**：フォームからワンクリックで送信できるため、直接 SOS を出すことに抵抗がある生徒でも、気軽に助けを求められます。
- **教職員への迅速な情報伝達**：Chat スペースに通知が届くため、教職員はリアルタイムで SOS を把握し、迅速に対応できます。
- **記録の自動化**：フォームの回答は自動的に記録されるため、後から状況を振り返ったり、対応履歴を管理したりするのに役立ちます。

2. 具体的な活用方法

- **Google フォームでヘルプスタンプを作成**：質問項目は設けず、送信ボタンのみを表示するシンプルなフォームを作成します。
- **チャットスペースの Webhook を取得する**：Google Chat ＞スペース（ヘルプスタンプの通知を届かせたい任意のスペース）＞スペースを開いて、表示されるスペース名の横にある∨＞アプリと統合＞ Webhook ＞「＋ Webhook を追加」をクリック

し，着信 Webhook に名前をつける（なんでもよい，アバターの URL は省略可）＞生成された Webhook の URL をコピーする。

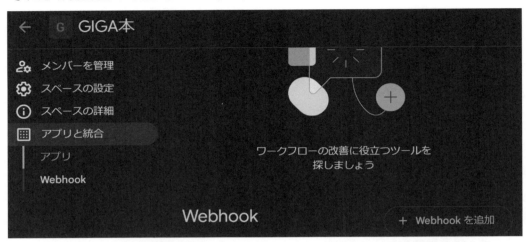

・GAS で Webhook を設定：フォームの回答が送信された際に，Chat スペースに通知を送る GAS を作成します。なお，この GAS はヘルプスタンプのフォームにリンクしているスプレッドシートへコンテナバインド型で作成しましょう。

```
function sendMessageFromGAS() {
  const webhookUrl = "Chat スペースの Webhook URL"; // Webhook URL を貼り付ける
  const message = {
    text: "Help!! スタンプ押されました !!" // 送信したいメッセージ
  };
  const options = {
```

```
    method: 'POST',
    headers: {
      'Content-Type': 'application/json; charset=UTF-8'
    },
    payload: JSON.stringify(message)
  };
  UrlFetchApp.fetch(webhookUrl, options);
}
```

※参考：https://kazukichi0914.hatenablog.com/entry/2022/05/03/200000

トリガーを設定します。

「イベントのソースを選択」で「スプレッドシートから」を選び、「イベントの種類を選択」で「フォーム送信時」を選びます。その後は「保存」で OK です。

- **生徒への周知**：ヘルプスタンプの利用方法を生徒に周知します。「困ったことがあれば気軽に押してね」というメッセージと共に，フォームへのリンクを F ボードで共有します。

3. 導入における注意点

- **誤送信への対応**：ふざけてヘルプスタンプを押してしまう生徒がいる可能性も考慮し，「何もなくてよかった」と安心感を伝えることが大切です。
- **継続的な運用**：ヘルプスタンプが機能するためには，定期的な情報発信や生徒との信頼関係の構築が不可欠です。

生徒指導 DX

Google カレンダーで教育相談予約をスマート化

Google カレンダーの予約スケジュール機能を活用することで，生徒の主体性を尊重しながら，
教育相談予約を効率化できます。ここでは，その活用方法について説明します。

＼ 実例紹介 ／

1. Google カレンダーで教育相談予約を効率化

　従来の教育相談の予約方法は，学級担任が名簿順に相談日を割り振り，変更希望のある生徒
のみが個別に申し出るという形が一般的でした。しかし，この方法には以下のような課題があ
りました。

・**生徒の主体性の欠如**：生徒は自分で相談日を決められない。
・**相談機会の不平等**：名簿順に割り振られるため，相談したいタイミングで相談できない生
　徒がいる可能性がある。
・**教職員の負担**：予約変更の対応やスケジュール調整に手間がかかり，負担を感じている。

　Google カレンダーの予約スケジュール機能を利用すると，生徒は空いている時間帯から自
由に面談時間を予約できます。これにより，生徒は自分の都合に合わせて相談時間を確保でき，
部活動や習い事などとの両立も図りやすくなります。例えば，「部活で先にこのメニューを終
わらせてから相談をしよう」「習い事があるから，早いタイミングで帰りたい」など，生徒が
主体的に考えて相談のタイミングを決められるようになることが大きなメリットです。

　また，教職員にとっても，自身の予定をカレンダーに登録しておくだけで，予約可能な時間
帯が自動的に調整されるため，スケジュールの重複を防止できます。これにより，予約調整の
手間が省け，他の業務に集中できるようになります。

　中には，「早い者勝ち」のシステムに抵抗を感じる人もいるかもしれません。実際のところ，
本校でも教育相談での活用はまだ一部ですし，保護者の面談では議論がなされています。しか
し，病院の予約など，同様のシステムは社会に広く普及しており，保護者や生徒たちも抵抗な
く利用できると思います。保護者面談にも予約スケジュール機能を活用できますが，教職員の
「早い者勝ち」への抵抗感が解消されていない場合は，まずは生徒向けの教育相談から導入し，
効果を実感してもらうことが大切です。

（佐々木篤史）

ここでは，予約スケジュールの設定の仕方について説明します。

＼ 手順紹介 ／

1. Google カレンダーで予約スケジュールを作成

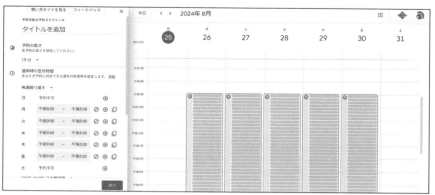

Google カレンダーを開き，左上にある「＋作成」をクリックし，「予約スケジュール」を選びます。そうすると右の図のような画面が展開されます。

予約スケジュールでは，相談を受けたい時間帯，面談時間（15〜20分程度を推奨），予約受付期間などを設定することができます。

まずは「予約可能な予約スケジュール」にタイトルを追加します。

次に「予約の長さ」を設定します。15分，30分，45分……と選択できますし，カスタマイズも可能です。

そして「通常時の空き時間」を設定します。「毎週繰り返す」「繰り返さない」「カスタム」を選べます。「カスタムの繰り返し」を選ぶと次のページの右のような画面が表示されます。2週間だけ繰り返したいなど，カスタマイズが可能です。また，曜日ごとに時間を決めることができます。「終日予約不可」や別の時間に予約枠を追加することもできます。

生徒指導DX　81

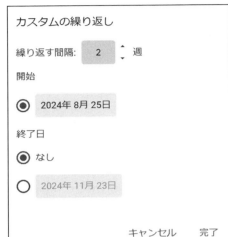

　また,「予約受付期間」や「臨時の空き時間」「予約済みの予定の設定」などができます。特に「予約済みの予定の設定」では,予約と予約の間に休憩時間を設定したり,1日でできる件数の上限を決めたりすることができます。例えば,面談時間を15分,休憩時間を10分としておけば,面談時間を15〜20分で幅をもたせ,次の準備をするのに最低5分の休憩時間をもつことができる,といった設定をすることも可能です。たくさん枠をつくっておき,子どもたちには長めに相談をしたければ2枠連続で予約してもよい,などを事前に伝えておくことで,じっくり話したい人はじっくり話すなど弾力的な運用も可能です。

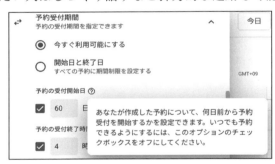
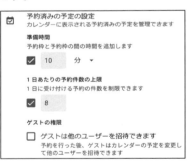

　他のカレンダーの予定が入っているところには,予約スケジュールを表示できない設定ができます。カレンダーを普段から使っていると,すでに予定が入っているところには予約スケジュールができないようになるので,ダブルブッキングをしてしまった！ということを避けることができます。

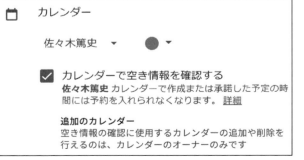

「次へ」をクリックすると，「場所と会議」や「予約フォーム」などを設定できます。Meetでも対面でも選ぶことができるのであれば，「後で指定」にして，「予約フォーム」の「質問の追加」で回答してもらうという方法もあります。

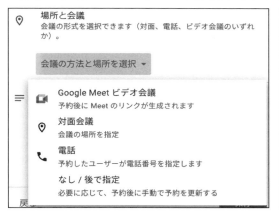
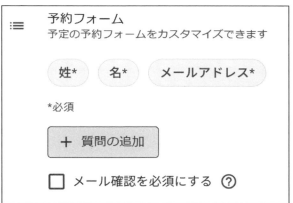

予約スケジュールの編集等はできませんが，他のアカウントを共同主催者にすることで，招待した他のアカウントからも予約の確認をすることができます。

2. 予約ページを共有

作成した予約ページの URL を，生徒向けに学校ウェブサイトや Google Classroom などで共有します。「共有」を選び，「1つの予約ページ」から共有したい予約スケジュールを選択し，リンクをコピーして，Classroom などで生徒に共有します。

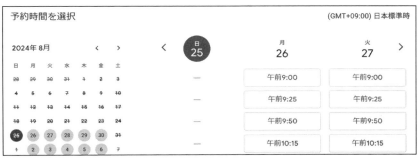

生徒指導 DX　　83

特別活動 DX

集合連絡を見える化しよう

Google フォーム・Google スプレッドシート・Google サイトを連携することで，情報をスムーズに共有することが可能になります。ここでは，情報の仕組みについて説明します。

＼ 実例紹介 ╱

1. 集合連絡もデジタル化

　私たちの学校では，部活動や委員会活動など，生徒が集まる機会が多くあります。以前は，集合時間を校内放送で伝えたり，掲示板にプリントを貼ったりしていましたが，どうしても聞き逃しや見落としが発生してしまうのが悩みでした。

　そこで，Google フォームと Google スプレッドシート，そして Google サイトを活用して，集合連絡システムを構築しました。まずは教職員の連絡改善からスタートしました。

　はじめに集合連絡フォームを作成しました。これは，集合する日付，時間，場所，参加対象などを選択式で回答できるシンプルなフォームです。教師が簡単に回答できるように，職員用のポータルサイトにフォームを埋め込みました。

　フォームの回答は，自動的にスプレッドシートに集計されます。このスプレッドシートには，QUERY 関数を使って，当日の集合連絡だけを抽出する機能を追加しました。これにより，これまで耳だけで聞いていた口頭の連絡を，目で見て確認をし，連絡する項目が多い場合は印刷をするというような対応ができるようになりました。

　GIGA スクールがスタートし，生徒の手元に Chromebook が渡り，生徒用のポータルサイトができたことで，このシステムはさらに発展します。各学年に対応する連絡だけを抽出する機能も追加したので，各学年の生徒は，自分たちに関係のある集合連絡だけを確認できます。

　このシステムを構築したことで，集合連絡の伝達ミスが大幅に減りました。生徒たちは，いつでもどこでも Chromebook から集合情報をチェックできるので，聞き逃しや見落としの心配がありません。また，教職員も，出欠状況を一覧で確認できるようになり，誰が参加するのかを把握しやすくなりました。

　さらに，集合連絡がデジタル化されたことで，生徒たちの情報リテラシー向上にもつながっていると感じています。自分たちで情報を確認する習慣が身につき，より主体的に学校生活を送れるようになることを期待しています。

（佐々木篤史）

ここでは，Google フォームの回答を条件によって表示を変える方法について説明します。

手順紹介

1. Google フォームで集合連絡フォームを作成する

- Google フォームにアクセス：Google ドライブを開き，「新規」>「その他」>「Google フォーム」を選択します。

  ※ちなみに「form.new」とアドレスバーに入力すると，新しいフォームが作成されるので，ブックマークバーに「form.new」のリンクを掲載しておくと便利です（「doc.new」，「sheet.new」，「slide.new」でも同じように新しいファイルが作成されますのでぜひ試してみてください）。

- タイトルと説明を入力：フォームのタイトル（例：集合連絡）と説明文を入力します。

- 質問項目を追加：以下の質問項目を追加します。

  ※【　】内はスプレッドシートにしたときの列名

  - いつ（日付）：「日付」形式で設定します。【B列】
  - いつ（タイミング）：「ラジオボタン」形式で，「朝」「昼休み」「放課後」「その他」などの選択肢を設定します。【C列】※番号をふっておくと，後から並べ替えに便利です。
  - 誰が（対象）：「チェックボックス」形式で，「1年」「2年」「3年」「全校生徒」などの選択肢を設定します。選択肢にないものを入力できる「その他」も追加しておくと便利です。【D列】
  - どこに（集合場所）：「ラジオボタン」形式で，「体育館」「グラウンド」「教室」などの選択肢を設定します。「誰が（対象）」と同様に「その他」も追加しておくと便利です。【E列】
  - 備考：「記述式」で設定し，補足情報や URL などを記入できるようにします。【F列】

- 必須回答を設定：必須回答にしたい項目（例：日付，対象）にチェックを入れます。
- テーマを設定（任意）：フォームのテーマ（背景色，フォントなど）を設定します。
- フォームを埋め込み：作成できたフォームを，職員用ポータルサイトに埋め込みます。

特別活動 DX

2. Google スプレッドシートとの連携と関数設定

- **回答をスプレッドシートに自動記録**：フォーム編集画面の「回答」タブを開き，「スプレッドシートにリンク」をクリックします。「新しいスプレッドシートを作成」か，「既存のスプレッドシートを選択」を選びます。
- **シートを追加**：デフォルトで作成される「フォームの回答 1」シートは編集せずに，新しいシートを追加します（例：シート 2）。
- **QUERY 関数で情報を抽出**：シート 2 の A1 セルに，以下の数式を入力します。

```
=QUERY(' フォームの回答 1'!A:F, "SELECT * WHERE B = date '"&TEXT(TODAY(),"yyyy-
mm-dd")&"'")
```

※この数式は，「フォームの回答 1」シートから，今日の集合連絡のみを抽出します。

※ SELECT * の「*」は「すべて」を意味しているので，「最初に指定した範囲（A から F 列）のすべての列を表示します」という意味になります。

※「WHERE B = date ～ 」は，「すべての列を表示するけど，B の日付が今日のやつだけだよ」という条件について設定しています。

- **学年別のシートを作成**：必要に応じて，学年ごとに新しいシートを作成します（例：1 年生，2 年生，3 年生）。
- **QUERY 関数で学年別に情報を抽出**：各学年のシートに，以下の数式を入力します（例：1 年生のシートの場合）。

```
=QUERY(' フォームの回答 1'!A:F, "SELECT * WHERE B = date '"&TEXT(TODAY(),"yyyy-
mm-dd")&"' and (D like '%1年%' or D like '% 全学年 %')")
```

※この数式は，「フォームの回答 1」シートから，今日の集合連絡のうち，対象に 1 年生が含まれるものだけを抽出します。

※「and (D like '%1年%' or D like '% 全学年 %')」は，「（B の日付が今日のやつ）と D に『1 年』か『全学年』って言葉が含まれているやつのどっちも満たすやつだけだよ」という条件について設定しています。

7月23日（火）			
いつ（タイミ〕	どこへ	だれが	
3 昼休み	多目1	1年, 2年, 野球部	chromebook持参

7月23日（火）			
いつ（タイミ〕	どこへ	だれが	
1 朝活後	クラスルーム 自治会実行部	2年, 3年, 153期実行部員	https://
1 朝活後	クラスルーム 全校	2年, リーダーになる・なりたい人	https://
3 昼休み	多目1	1年, 2年, 野球部	chromebook持参
3 昼休み	2F中央	2年, 3年, 囲碁・将棋部員　文部科学大臣杯参加の生徒	
		2年, 理科の単元テスト「再ク」を受けるた	今日で最後です　何か

7月23日（火）			
いつ（タイミ〕	だれが	どこへ	
1 朝活後	2年, 3年, 153期実行部員	クラスルーム 自治会実行部	https://
1 朝活後	2年, リーダーになる・なりたい人	クラスルーム 全校	https://
3 昼休み	3年, 学連報道部	多目3	
3 昼休み	1年, 2年, 野球部	多目1	chromebook持
3 昼休み	2年, 3年, 囲碁・将棋部員　文部科学大臣杯参加の生徒	2F中央	

上図は「1年生用」「2年生用」「教職員用」で表示されている内容が変わっています

3. Google サイトへの埋め込み

・**Google サイトにアクセス**：Google サイトを開き，集合連絡を掲載したいページに移動します。

・**Google スプレッドシートを埋め込む**：「挿入」＞「スプレッドシート」を選択し，先ほど作成したスプレッドシート（例：シート2，1年生，2年生，3年生）を選択します。

4. まとめ

フォーム，スプレッドシート，サイトを活用することで，集合連絡を効率化し，連絡漏れや確認の手間を減らすことができます。生徒は，自分のクラスのポータルサイトから簡単に集合情報を確認できるようになります。教職員も集合の状況をスプレッドシートで確認できるため，同じタイミングや場所での集合を調整するなど，見通しをもった教育活動につながります。

特別活動 DX　87

特別活動 DX

自治会活動も部活動も，自分たちでつくる活動に
—サイトと Classroom で情報共有をスムーズに

Google Classroom や Google サイトを使うことで，生徒が自分たちで
情報発信をしていくようになります。ここでは，その効果を紹介します。

＼ 実例紹介 ／

1. 自治会（生徒会）活動での活用

　自治会活動の情報共有に生徒が Google Classroom と Google サイトを活用しました。生徒が主体的に活動に参加できる環境を整備し，活気ある学校生活を実現しています。

　以前は，自治会や部活動の情報共有は主に口頭や紙媒体で行われていました。そのため，情報伝達が遅れたり，印刷に時間がかかったりすることがありました。また，リーダー以外の生徒は情報を受け取るだけで，主体的に活動に関わる機会が少ないという課題もありました。

　各部局（委員会）ごとに Classroom を開設し，メンバーや顧問を招待しました。資料や連絡事項を Classroom にアップロードすることで，迅速かつ確実な情報共有が可能になりました。また，各部局の活動内容や成果を全校生徒に発信するポータルサイトを作成しました。生徒が主体的に情報を発信することで，学校全体への情報伝達がスムーズになり，生徒の自治会活動への参加意欲も高まりました。

2. 部活動での活用

　部活動でも，Google Classroom を活用して活動予定や連絡事項を共有しています。以前は，顧問の先生に練習メニューを聞き，それを掲示板に記入するという手間がかかっていましたが，Classroom 導入後は，顧問からの連絡がスムーズになり，生徒も自主的に情報を確認するようになりました。部活動によっては，生徒が主体になって計画を立てているところもあるようです。

　さらに，練習動画や試合の振り返り動画を，Classroom で共有することで，生徒の理解度向上や技術向上に役立てています。また，生徒同士で意見交換や情報共有ができるようになったことで，部活動の活性化にもつながりました。

（鳴海　文彦）

ここでは，「Classroom の教師」になっていないアカウントの教師役について説明します。

手順紹介

1.「Classroom の教師」

Google Workspace for Education の Classroom では，「Classroom の教師」になっているアカウントとそうではないアカウントでは，Classroom 上でできることが少し異なります。

「Classroom の教師」は，Classroom 上の「メンバー」としての「教師」ではなく，Google グループの「Classroom の教師」に追加されているアカウントのことです。Classroom を初めて開いたときに「教師」か「生徒」か尋ねられるのですが，このとき「教師」として応答したとしても，管理者が「承認」をしない限り，「教師」になることはできません。

2. Classroom のメンバーとしての教師

Classroom の教師でなくても，Classroom の教師になることはできます。公式ヘルプによればClassroom の教師には以下の権限が与えられているそうです。
・クラス作成の設定に基づいてクラスを作成する
・保護者の設定に基づいて保護者を管理する
・共有の演習セットにアクセスする
・共有の YouTube 動画を活用したインタラクティブな質問にアクセスする
・共有の授業とクラス テンプレートにアクセスする

逆に言えば，Classroom の教師でなくても，Classroom の教師として，これ以外の機能は使えることになります。

自治会や部活動のリーダーの生徒をClassroomの教師として招待すれば，リーダーから他の委員や部員に対して課題や質問を出すことができます。もちろんリーダーを教師にしなくても，ストリームで発信はできますが，ファイルの共有設定などでうまくいかない場合も想定されます。生徒が主体的に情報発信できる環境を整備することは，自律性や表現力を育む上で重要なので，リーダーになることで意識が高まることや，情報の収集・整理・発信を通して，情報リテラシーが向上することなどに期待してみるのがいいかもしれません。

　今回はClassroomだけを紹介しましたが，生徒に預けていた自治会のサイトでは，カレンダーに昼の放送のプログラムを埋め込んだり，フォームでアンケートを自主的に取ったり，行事説明用のスライドショーを埋め込んだりしていました。

3. まとめ

　サイトやClassroomを生徒が主体になって活用できる環境を整えることで，生徒の情報発信力やコミュニケーション能力を育成し，学校生活をより豊かにすることができます。

> ここでは，有償版のYouTube動画アクティビティについて説明します。

　私が主に部活動で使っているYouTube動画アクティビティについて紹介したいと思います。
　YouTube動画アクティビティを活用することで，生徒は動画視聴をしながら課題に取り組むなど，能動的な学習体験を得られます。
　例えば，YouTube動画アクティビティで身体操作に関する動画を共有し，実際に体を動かしながら，設定された質問に答えつつ，生徒同士で技術向上のための議論を活発に行っています。

動画を見ながら，入れたいタイミングに「質問」を付け加えることができます。

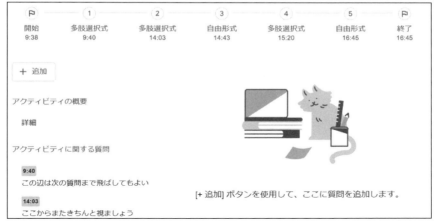

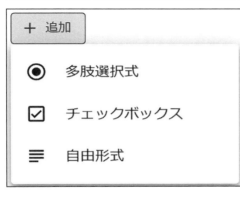

　追加ボタンを押すことで，「多肢選択式」（フォームの「ラジオボタン」）「チェックボックス」「自由形式」（フォームの「段落」）の3つの回答形式を設定できます。

　動画の「始め」と「終わり」を変更することもできるので，例えば10分の動画を8分に短縮することができます。ちなみに，中を区切ることはできないのですが，「ここから先は次の質問まで飛ばしてもよい」という「質問」に対して，選択肢を1つだけにして，「わかりました！」という解答にしておくと，生徒は自分で質問を飛ばして，次の質問（「ここからちゃんと視よう」）のところから見るようになります。

　子どもたちが普段見る機会の多いYouTubeを学習に使うことで，子どもたちのYouTubeへの意識もただ楽しい動画を見るものから，学べるものへとシフトチェンジしていくので，結果的には自分（たち）で学んで成長する部活動につながると感じています。

特別活動 DX

Google サイトで学級連絡をスマート化

Google サイトで，生徒向けポータルサイト（F ボード）を構築し，生徒への情報連絡も
スムーズに行うことができます。ここでは，情報共有の方法を説明し，その効果を紹介します。

＼ 実例紹介 ／

1. F ボードで情報共有を効率化し，生徒の主体性を育む

　私たちの学校では，Google サイトを活用して，学級ごとに学級連絡用のサイト「F ボード」
を作成しています。これがとても便利で，生徒に必要な情報「今週の時間割」「今日・明日の
時間割」「集合連絡」「今日の連絡」「担任からの連絡」「落とし物」などをまとめて掲載してい
ます。Chromebook を開けばすぐに確認できるので，生徒たちも自然と F ボードをチェック
する習慣が身についてきました。

　朝の会や帰りの会などの短い時間も，F ボードのおかげで有効活用できるようになりました。
以前は，連絡事項を読み上げるだけで時間が過ぎていましたが，今では集合連絡や担任からの
連絡を F ボードに書いておくだけで，生徒たちは自分で確認しています。空いた時間で，ち
ょっとしたミニゲームやクイズを取り入れたり，生徒同士で交流する時間を設けたりと，より
充実した活動ができるようになりました。

　特別時間割のときも，F ボードが大活躍です。以前は，教務部から届いたプリントを慌てて
掲示したり，黒板に書き写したりしていましたが，今は F ボードに「今日の連絡」をアップ
するだけで OK。いつでもどこでも時間割を確認できるので，生徒たちは安心して授業に臨め
ます。

　F ボードは，生徒の自主性を育む上でも効果を感じています。以前は，口頭で伝えたことを
どこまで理解しているか不安でしたが，F ボードに連絡事項を書き込むことで，生徒たちは自
分の目で情報を確かめ，自分で考えて行動するようになりました。また，日常の係活動や文化
祭の担当に活用スペースを設定しているので，自分たちで情報発信に役立てています。

　さらに，F ボードは教室の雰囲気づくりにも役立っています。行事の写真や生徒の作品をア
ップロードして，デジタルアルバムのように活用しています。写真がスライドショーのように
切り替わるカルーセル機能も好評で，行事の前の意識付けや学期を振り返る活動などに役立っ
ています。

（鳴海　文彦）

ここでは，Google サイトを使った生徒向けポータルサイトの構築の仕方と管理コンソールでの設定について説明します。

1. 学級連絡をスマート化：Google サイト活用で情報共有の効率化と正確性向上

学校における学級連絡は，生徒への情報伝達において重要な役割を果たします。しかし，従来の口頭での伝達やプリント配布では，情報伝達の漏れや誤りが発生しやすく，教職員にとっても生徒にとっても負担となっていました。Google サイトを活用することで，学級連絡をデジタル化し，効率的で正確な情報共有を実現できます。

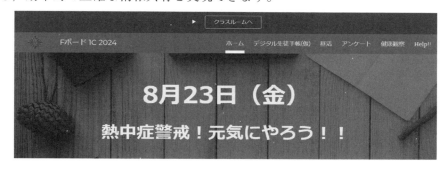

2. 学級連絡デジタル化のメリット

- **情報伝達の効率化**：サイトに情報を掲載することで，一度に多くの生徒に情報を伝達できます。また，情報の更新も容易に行えるため，タイムリーな情報共有が可能です。
- **情報伝達の正確性向上**：従来の口頭での伝達やプリント配布では，聞き間違いや紛失などによる情報伝達の誤りが発生しやすかったですが，サイトを活用することで，正確な情報を確実に伝えることができます。
- **生徒の主体的な情報収集**：生徒が自らサイトにアクセスして情報を確認することで，主体的な情報収集の習慣を身につけられます。
- **教職員の負担軽減**：プリントの準備や配布の手間が省け，教職員の負担を軽減できます。

手順紹介

1. Google サイトで新しいサイトを作成

Google サイトを開いて，新しいサイトを作成しましょう（9 ページ参照）。

サイトのタイトル（例：1年A組Fボード）を入力し，「作成」をクリックします。

2. ページのレイアウトを設定

新しくできたページに，必要な情報を載せるための「セクション」を追加します。
セクションの種類は，自由に選べます。「テキスト」「画像」「埋め込み」などを組み合わせて，見やすいレイアウトにしましょう。

3. アイテムを埋め込む

各セクションに，情報を埋め込んでいきます。
- 年間予定表：Googleカレンダーを埋め込みます。
- 今週の時間割：Googleスプレッドシートを埋め込みます。
- 明日の時間割：スプレッドシートを埋め込みます。枠だけ作って，子どもたちが運用します。
- 集合連絡：スプレッドシートを埋め込みます。
- 今日の連絡：Googleドキュメントを埋め込みます。
- 担任からの連絡：テキストボックスに入力します。
- 落とし物：スプレッドシートを埋め込みます。
- 写真や動画：Googleドライブからアップロードするか，直接貼り付けます。

4. グループに共有する

画面右上の「共有」ボタンをクリックします。
共有したいグループ（例：1年A組）を入力し，「公開済アイテムの閲覧者」を選んで「完了」をクリックします。
グループのメンバーだけがFボードを閲覧できる設定になるので，他のクラスの人は見られないようになります。

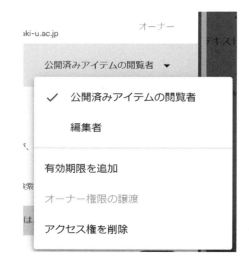

5. 起動時に開かれるページに設定する

　管理コンソールにログインします。左側のメニューから「デバイス」>「Chrome」>「設定」>「ユーザーとブラウザの設定」を選択します。「起動時」セクションで，「起動時に読み込むページ」を選択し，スタートアップ操作で「URL のリストを開く」か「URL のリストを開き，最後のセッションを復元する」（おすすめ）のどちらかを選び，起動ページリストに F ボードの URL を入力します。

　設定を保存すると，生徒の Chromebook 起動時に F ボードが自動的に開くようになります。
・**生徒への周知**：サイトの URL を生徒に周知し，定期的にアクセスするよう促します。

6. 導入前の課題と導入後の変化

　導入前は，朝のホームルームで担任が口頭で連絡事項を伝えていましたが，聞き逃しや伝達ミスがしばしば発生していました。また，プリント配布も手間がかかり，紛失する生徒もいました。

　サイト導入後は，生徒が自ら情報を確認するようになり，情報伝達の正確性が向上しました。また，教職員は資料作成や配布の手間が省け，他の業務に時間を割けるようになりました。

特別活動 DX

入部届もデジタルに

Google フォームを使って入部届もデジタルに。
中体連の地域移行にともなって複雑化する運動部の所属問題もフォームで解決！

＼ 実例紹介 ／

1. 部活動もＤＸで管理

　中学校の部活動は，生徒にとって学校生活の大きな楽しみの一つです。しかし，先生にとっては，入部届の受付や部員情報の管理など，意外と手間のかかる作業も伴います。私たちの学校では，Google フォームと Google スプレッドシートを活用することで，入部届の受付・管理を効率化し，スムーズな部活動スタートを実現しました。

　以前は，紙の入部届を配布・回収し，手作業で部員名簿を作成していましたが，何かと手間がかかる作業でした。また，中体連にクラブチームが参画するようになり，入部届の段階で，部活動とクラブチームのどちらから出場するかを生徒に確認する必要も出てきました。

　そこで，フォームで入部届を作成し，回答をスプレッドシートに自動で記録するようにしました。フォームでは，生徒の氏名，学年，クラス，希望する部活動に加えて，中体連の出場区分（学校部活動 or クラブチーム）も選択できるようにしました。

　さらに，フォームの「回答に応じてセクションに移動」機能を活用することで，回答内容に応じて質問を分岐させました。例えば，文化部を選択した生徒には中体連に関する質問を表示しないように設定することで，生徒が悩まずに回答できるようになりました。

　このシステムを導入したことで，入部届の受付・管理が劇的に効率化されました。１枚ずつ部活動ごとの封筒に入れて行っていた集計作業も自動化されたため，担当の先生の負担が大幅に軽減されました。また，フォームの分岐設定により，生徒もスムーズに入部届を提出できるようになり，混乱も少なくなりました。

　特に，中体連の出場区分については，フォームで明確に確認できるようになったことで，後々のトラブルを未然に防ぐことができました。顧問の先生も，安心して部活動指導に集中できるようになったと喜んでいます。

（佐々木篤史）

ここでは，Googleフォームの「回答に応じてセクションに移動」機能について説明します。

Googleフォームは，アンケートやテストの作成に便利なツールですが，「回答に応じてセクションに移動」機能を活用することでより柔軟なフォームを作成できます。この機能を使えば，回答内容に応じて表示する質問を分岐させることができ，複雑なアンケートも簡単に作成できます。

手順紹介

1. Googleフォームを立ち上げ，セクションに分ける

まずは，Googleフォームを立ち上げ，必要な質問項目を作成します。次に，質問項目をグループ分けし，それぞれのグループを「セクション」として設定します。

セクションを追加するには，質問項目の下にある「セクションを追加」ボタンをクリックします。セクションは，後からでも追加・削除・並び替えが可能です。

2. セクションに名前をつけよう

回答によってセクションに移動をするのですが，どのセクションに行くのかがわかりやすい方が，設定するときにスムーズにできます。名前をつけていないと「無題のセクション」が乱立してしまうため，どのセクションに進めばいいのかがわかりづらくなります。また，セクションは順番を入れ替えることもできるので，順番が入れ替わったらなおさらどのセクションに

いけばいいのかがわからなくなってしまうため，名前の設定がとても大切です。

3.「回答に応じてセクションに移動」を設定する

　この機能は回答の種類が「ラジオボタン」の場合に設定可能です。右下の「︙」をクリックすると，「回答に応じてセクションに移動」を選択できるので，選択してチェックをいれます。デフォルトで，「次のセクションに移動」になっているため，そこをクリックして別のセクションに進む設定にします。

4. 実際の設定

　ここまで紹介した部分を活用することで，複雑な分岐にも対応することができます。本校

では，入部届と中体連の参加区分を確認するフォームを作成しました。まず，中体連の参加区分を質問し，回答に応じて次の質問内容を分岐させました。

文化部を選択した生徒には，中体連に関する質問は表示されません。

運動部を選択した生徒には，部活動とクラブチームのどちらで出場するかを尋ねる質問が表示されます。

さらに，回答を送信する前に，すべての回答内容を確認できる「確認」セクションを設けました。これにより，生徒は入力ミスを防ぎ，教職員は正確な情報を収集できます。

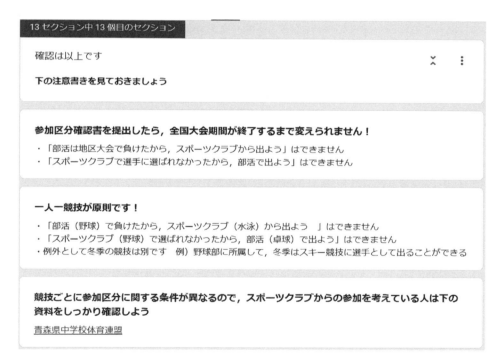

フォームは回答を送信しなければ回答を集計できませんが，確認をさせるためのフォームであれば必ずしも回答の送信は不要です。アプリの使い方も固定観念にとらわれない柔軟な発想が大切です。

特別活動 DX

落とし物連絡をしなくても自分で気づく仕組みづくり

Google フォームのファイル添付と Google スプレッドシートの IMAGE 関数を
使うことで，落とし物連絡を自動化できます。ここでは，その仕組みを説明します。

＼ 実例紹介 ／

1. 落とし物管理をスマート化

　学校における落とし物管理は，生徒の忘れ物を迅速に持ち主へ返すための，日々の学校運営を支える業務の一つです。しかし，従来の口頭でのアナウンスや掲示板での掲示では，情報伝達の限界や保管スペースの不足など，様々な課題がありました。

　落とし物も様々な種類のものがあるので，「赤い」「○○（商標登録）の」「シャーペン」が「体育館に」落ちていました，と伝えやすいものもあれば「この微妙な色はなんと表現すれば伝わるのか」「これは子どもたちに言っても伝わらない会社のものだな」「そもそもこれはなんだろう」が「体育館に」落ちてました……なんと表現すれば伝わるのか悩むものもあります。

　落とした人が，自分で見て，パッと気づくことができる仕組みをつくったほうが，毎回の落とし物の連絡をする手間，ストレスがなくなるのではないかと考えました。

　Google フォーム，Google スプレッドシート（IMAGE 関数），Google サイトを組み合わせることで，これらの課題を解決し，落とし物管理を効率化しました。

2. 落とし物管理デジタル化のメリット

・**落とし物の見える化**：落とし物の写真をサイトに掲載することで，生徒はいつでもどこでも落とし物情報を閲覧でき,自分の落とし物を探しやすくなります。

・**情報共有の効率化**：フォームに入力された落とし物情報は，自動的にスプレッドシートに集計され，教職員間で共有できます。

・**持ち主への連絡の簡素化**：サイトで落とし物情報を公開することで，持ち主が直接落とし物を見つけやすくなり，連絡の手間を省けます。

心当たりは對馬先生まで			
見つかっ	落とし物	見つかった場所	
08-17	ストラップ	空中廊下	
07-31	手ぬぐい	国語科研究室前の机上	

（佐々木篤史）

ここでは，フォームの回答から画像を表示する方法について説明します。

手順紹介

1. Google フォームで落とし物登録フォームを作成

1. フォームの作成と項目設定

Google フォームを開き，新しいフォームを作成しましょう。そして，以下の項目を設定します。

※【　】内はスプレッドシートにしたときの回答列

- 写真添付（「ファイルのアップロード」で，「特定のファイル形式のみ許可」をオンにして「画像」だけを選択）【B列】
- 落とし物の名称（記述式）【C列】
- 見つかった場所（記述式）【D列】
- 見つかった日付（日付形式，月日のみ）【E列】

フォーム編集画面の「回答」タブから「スプレッドシートにリンク」をクリックし，回答を記録する新しいスプレッドシートを作成します。

2. 添付ファイルの保存フォルダの共有設定

Google ドライブで，フォームの回答と共に添付ファイルが保存されるフォルダを見つけます（通常は「フォーム名 + File responses」という名前のフォルダです）。

このフォルダの共有設定を「リンクを知っている全員」に変更し，「閲覧者」権限を付与します。

ポイント

- フォームで添付された画像をこの後紹介するスプレッドシート上で表示させるためには，フォルダの共有設定を「一般公開」にする必要があります。
- この設定により，フォルダ内のファイルはインターネット上で誰でも閲覧可能になります。個人情報や機密情報を含むファイルはアップロードしないように注意してください。

2. スプレッドシートでのデータ処理

1. フォームの回答から画像を表示させる

新しく作成されたスプレッドシートには「フォームの回答 1」というシートだけがあるはずなので，新しいシートを追加してB1セルに以下の数式を追加することで，フォームの回答から必要な列を抽出し，日付，落とし物，場所，写真のURLの順に並び替えます（最初からフォームでその順番に質問をつくっていれば特に必要のない作業ですが，並べ替えができることで，どの順番で質問をつくっていても対応が可能になります）。

```
=query(' フォームの回答 1'!B:E,"select E,C,D,B")
```

Select E,C,D,B にしているので，データのE列，C列，D列，B列の順で表示されます（つまり「見つかった日付」「落とし物」「見つかった場所」「写真添付（URL）」の順で列が並び替えられる）。

IMAGE関数で，「写真添付（URL）」を読み込んで，画像を表示させたいのですが，ファイル添付で追加されたURLのままだとIMAGE関数が表示してくれないので，URLの一部を置換してあげる必要があります。置換を手作業で一つ一つやっていると手間がかかってしまうため，SUBSTITUTE関数で自動化しましょう。セルF2に次の数式を入れます。

```
=SUBSTITUTE(E2,"open?id","uc?export=download&id")
```

そしてセルG2に次の数式を入れます。

```
=image(F2,1)
```

そうすると，写真を送信すればG2に画像が表示されるはずです。

2. ARRAYFORMULA 関数で追加されたデータから自動的に反映させる

F2を選択して数式を編集できる状態にして，Ctrl + Shift（⇧）+ ENTER（↵）を押すと数式が次のように変化します。

```
=ArrayFormula(SUBSTITUTE(E2,"open?id","uc?export=download&id"))
```

ここで一箇所に変更を加えます。

```
=ArrayFormula(SUBSTITUTE(E2:E,"open?id","uc?export=download&id"))
```

　これで，E2からE列の最後までを参照する仕組みになったので，フォームの回答が追加される度に，E列にあるURLから置換されたURLがF列に表示されることになります。
　同様にG2でCtrl + Shift（⇧）+ ENTER（↵）を押すと

```
=ArrayFormula(image(F2,1))
```

　と変化するので，F2の後に「:F」と入れてあげるとF2からF列の最後までを参照して，URLがあれば画像が表示されます。

3. 落とし主が見つかったあとの作業も追加する
　落とし物を表示させるだけなら，ここまででも十分なのですが，落とし主が見つかった後に表示から削除することもできます。
　シート1のA列は空欄の状態になっているはずなので，A列全体を選択し，メニュー「挿入」から「チェックボックス」を選択します。これでA列に□（チェックボックス）が追加されました。次に新しいシート（シート2）を追加します。A1に次のように数式をいれましょう。

```
=query(' シート1'!A1:G,"select B,C,D,F where A like 'false' and B is not null
order by B desc")
```

　シート1のA列に設定したチェックボックスですが，チェックが入っているとTrue，チェックが入っていないとFalseになっています。「where A like 'False'」の部分でA列にFalseが含まれているものを抽出して（Trueのものは除外して），というQUERY構文になっています。つまり，落とし主が見つかったものはチェックをいれると表示されなくなるということです。ただ，B,C,D,Fだけを表示しているので（QUERY関数ではIMAGE関数の画像結果は表示されないので），F列のURLを参照して，IMAGE関数をARRAYFOMULA関数で配列してあげる必要があります。やり方は上と同じやり方になるので，試してみてください。
　これで，Googleフォームに入力された落とし物情報がスプレッドシートに自動的に記録され，画像とともに整理された状態で表示されます。また，落とし主が見つかった場合はチェックボックスをオンにすることで，表示から除外することができます。

特別活動DX　103

学習指導 DX

学習の振り返りを蓄積してさらなる学びにつなげよう

　　　　　　Google フォームで回収した振り返りを Google スプレッドシートの QUERY 関数と IMPORTRANGE 関数を使って生徒自身が振り返れるものにできます。ここでは，その方法を説明します。

＼ 実例紹介 ／

1. 主体的に学べる環境づくり

　Google フォームを使った振り返りは，生徒の学習状況を把握する上でとても便利でした。しかし，一つだけ気になることがありました。それは，生徒自身が自分の過去の振り返りを簡単に見返すことができないということです。フォームの回答は Google スプレッドシートに自動で記録され，私は生徒全体の振り返り状況をいつでも確認できます。しかし，生徒たちはメールで送信された内容や，直後に確認したとき以外は，自分の振り返りを見ることができません。これでは，せっかくの振り返りが，その場限りのものになってしまい，学びを深める機会を逃してしまうのではないか，と感じました。

　そこで，生徒自身が自分の振り返りをいつでも振り返れるように，スプレッドシートを活用した新たな仕組みをつくりました。フォームの回答をクラスごとにまとめたシートから，QUERY 関数と IMPORTRANGE 関数を使って，生徒一人ひとりの振り返り内容を抽出し，個人別のシートを作成しました。そして，この個人シートを生徒と共有することで，いつでもどこでも自分の振り返りを確認できるようにしたのです。

　この仕組みを導入したことで，生徒たちは自分の成長を振り返り，次の学びにつなげられるようになりました。振り返りを見直して，3 ヶ月くらいのスパンを振り返る活動のなかで，生徒たちが自分の成長を実感している様子を見ると，教師としてとても嬉しく思います。

　また，このシステムは，生徒のプライバシーにも配慮しています。個人シートは自分と教師だけが閲覧できるようになっており，他の生徒に自分の振り返りを見られることはありません。安心して自分の考えや気持ちを書き込める環境が，生徒たちの振り返りをより深いものにしていると感じています。

　これからも，生徒たちが主体的に学びに向き合い，成長できるような環境づくりに励んでいきたいと思っています。

（佐々木篤史）

ここでは，振り返りフォームと個別スプレッドシートの作り方について説明します。

手順紹介

1. 振り返りフォーム

振り返り用のフォームはシンプルです。項目は「教科名」「振り返りの視点」「1段落目」「2段落目」の4つです。「教科名」はプルダウンで教科名を入れています。

「振り返りの視点」はラジオボタンで以下の内容から選びます。

- 新しくわかったこと・身についたこと・できるようになったこと
- 改めて確認できたこと・以前よりも改善されたこと
- 他の学習内容や他教科とのつながりで気づいたこと
- 疑問に思ったことやよくわからなかったこと
- 次に活かしたいこと
- その他

「1段落目」は記述式で，教師の書いてほしい視点でも，生徒が授業のタイトルをつけてもいいですが，短い内容です。

「2段落目」は段落で，1段落目に入力した内容について考えたこと（どのように思ったり感じたか）を入力します。こちらは長く書けるようにしています。

設定のポイントは，メールアドレスを収集するのと，回答を1回に制限しないことです。
メールアドレスを分類の基準にし，同じフォームに毎回の授業で振り返りを入力できるようにするためです。

学年で1つのフォームを使うようにしているので，学年のClassroomを使って生徒に回答用のリンクを配付します。

2. QUERY関数とIMPORTRANGE関数で振り返りデータを整理

　フォームから収集した回答は，リンクしたスプレッドシートに自動的に記録されます。しかし，そのままでは，生徒一人ひとりの振り返り内容を時系列で確認することができません。そこで，QUERY関数とIMPORTRANGE関数を使って，データを整理します。

【クラスごとのデータを作成】
　クラスごとのシートタブを作成し，各シートタブに，QUERY関数を使って，フォームの回答データから該当クラスの回答のみを抽出します。

【個人ごとのデータを作成】
　各クラスのシートタブから，IMPORTRANGE関数で各クラスのファイルを作成し，そこからさらに生徒一人ひとりの回答を抽出し，「個人別のシート」を作成します。
　この際もQUERY関数を使用し，抽出条件に生徒のメールアドレスを指定します。

【個別振り返りシートを作成】

　新しいスプレッドシートを作成し，「個別振り返りシート（学籍番号)」と名付けます。

　IMPORTRANGE 関数を使って，各生徒の「個人別のシート」のデータを「個別振り返りシート」に取り込みます。

　これにより，生徒は自分の振り返り内容を時系列で確認できるようになります。

　また，教科別に表示ができるシートも作成し，色がついたセルのドロップダウンリストから教科を選ぶと，その教科の振り返りを時系列で確認することもできます。

【GAS で自動化（上級者向け)】

　上記の手順は，生徒数が多い場合は手作業で行うのが大変です。Google Apps Script（GAS）を活用して自動化することで，大幅な作業時間の短縮が可能です。

　具体的には，GAS で以下の作業を自動化しています。

- ・**個人別シートの作成と命名**：スプレッドシート内のテンプレートシートをコピーし，生徒ごとに「学籍番号」の形式でシート名を自動的に設定します。
- ・**個人用フォルダの作成とファイルコピー**：各クラスのフォルダを作成し，テンプレートシートからコピーしたシートを各フォルダに配置します。
- ・**IMPORTRANGE 関数の埋め込み**：各クラスのシートに，生徒の学籍番号を含むシート名と連携する IMPORTRANGE 関数を入力します。
- ・**ファイル ID 一覧の作成と共有**：フォルダ内にコピーされた生徒ごとのファイルの ID を取得し，スプレッドシートに一覧表示します。この一覧から，各ファイルを生徒と個別に共有することができます。

　GAS を活用することで，これらの作業を自動化し，全校生徒分の「個別振り返りシート（学籍番号)」を効率的に作成・共有できます。

　GAS のコードは，Google Apps Script エディタで作成し，スプレッドシートに紐づけて実行します（コンテナバインド型）。GAS の知識が必要になりますが，一度スクリプトを作成してしまえば，その後は自動で処理されるため，大幅な作業時間の短縮につながります。

学習指導 DX　107

学習指導 DX

小テスト・単元テスト・定期テストの概念を変えよう

Google フォームや Google Classroom の有償機能である演習セットを使うことで，簡単に
子どもたちの定着を確認することができます。ここでは，問題の出し方を説明します。

✎ 実例紹介 ✐

1. Google フォームと演習セットで採点の効率化と生徒の定着率をあげよう

　定期的な小テストの実施により，生徒の理解度の確認を徹底していましたが，採点作業に多
くの時間を費やしていました。特に記述式問題の採点には時間がかかり，教員の負担となって
いました。

- ・採点作業に時間がかかり，教員の負担が大きい
- ・記述式問題の採点基準が曖昧になりがち
- ・生徒へのフィードバックが遅れがち

といった課題がありました。

　そこで，Google フォームと Google Classroom の有償版にある「演習セット」を活用しまし
た。

　Google フォームは，小テストの作成・実施に便利なツールです。選択問題だけでなく，記
述式問題やファイルアップロードにも対応しており，多様な形式の小テストを作成できます。

　演習セット機能を活用することで，自動採点や個別フィードバックも可能になります。

　活用によって，以下のような効果がありました。

- ・**採点時間の短縮**：選択問題の採点は自動化され，記述式問題もルーブリックを活用するこ
  とで採点基準を明確化し，採点時間を大幅に短縮できました。
- ・**フィードバックの迅速化**：採点結果がすぐに生徒に返却されるため，生徒は自分の理解度
  を把握し，間違えた箇所を復習することができます。
- ・**教員の負担軽減**：採点作業の効率化により，教員は生徒とのコミュニケーションや授業準
  備に時間を割けるようになりました。

　フォームのロックモードを使うことで，問題を解いているときに他のタブを開いてカンニン
グをするということも防げます。フォームをコピーすることで，繰り返し問題を解くことにも
活用できるので，内容の定着にもつながります。

（佐々木篤史）

ここでは，Googleフォームや演習セットの設定について説明します。

手順紹介

定期テストや単元テストなどの作成・実施・採点は，教員の大きな負担となっています。フォームや演習セットを活用することで，テスト作成から採点，フィードバック，理解度向上までを効率化し，生徒の学習効果を高めることができます。

1. Googleフォームを活用したテスト作成から実施まで

Googleフォームを立ち上げると，テンプレートギャラリーに「空白のテスト」というテンプレートがあると思います。このテンプレートを使うことで，スムーズに設定ができます。

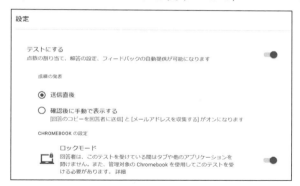

「設定」を開くと，「テストにする」がオンになっています。「成績の発表」が「送信直後」になっているので，記述問題がなく，自動採点だけでよければ，「送信直後」のまま，記述問題など採点が必要な場合は「確認後に手動で表示する」をチェックするとよいです。

また，「ロックモード」がオフになっているので，時間内に一斉に回答させたい場合はこれをオンにします。ちなみに，「管理対象のChromebookを使用」しないと受けられないので，このような画面が表示されます。

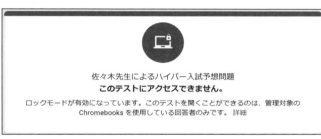

学習指導DX　109

「テストにする」をオンにしたことで，左下に「解答集を作成（0ポイント）」と表示されます。ここをクリックして，正答や点数，正解・不正解時のフィードバックを設定します。正しい解答，点数，解答に対するフィードバックを追加したら「完了」をクリックします。
　この設定をすべての問題に対してやるといいのですが，問題数が多いと手間がかかるので，点数や回答の仕方が同じであれば，質問の「コピーを作成」するのがおすすめです。その際に，「⋮」を押して表示される「選択肢の順序をシャッフルする」をオンにしておくと，1つ目に正答，2つ目以降は誤答にしていても，生徒の解答画面では自動的にシャッフルされているので何番目を正答にしようかと悩まずに問題をつくれますし，問題を開いている生徒ごとに順序が違うので，カンニングの防止にもなります。

　できあがったフォームはClassroomの「課題」として添付します。同じアカウントで作成した場合「ドライブ」を選ぶと，「最近使用したアイテム」に表示されます。なお，添付する場合，フォーム以外のファイルや複数のフォームを添付すると，生徒が解答をした後の「課題の提出」がうまくいかない場合があります。テストの場合は課題1つに対してテスト用のフォームを1つ添付するようにしてください。

2. 有償版の演習セットで自動採点・フィードバック

　Google Workspace for Education Plus で利用可能な演習セットは，自動採点機能や個別フィードバック機能を備えた，より高度なテスト作成ツールです。教師は，問題を作成し，解答を入力するだけで，採点とフィードバックを自動化できます。これにより，採点にかかる時間を大幅に短縮し，教員は生徒一人ひとりの理解度に応じたきめ細やかなフィードバックに時間を割くことができます。ここでは簡単な紹介だけにとどめます。

　添付の「演習セット」か，Classroom のメニューにある「リソース」を選ぶと演習セットを作成できます。フォームよりは作成できる回答の種類は少ないですが，「記述式」「段落」「単一選択」「複数選択」とよりテスト向けになっている印象です。「段落」以外は自動採点の対象になっています。また，数式を入力したり，手書きで文字や数式を認識したりしてくれるので，なかなか ICT 活用が進まない数学でも活用の幅を広げることにつながりそうです。PDF を部分的に切り取って問題に取り込む，フォームから質問をインポートするなど，機能もどんどん追加されているので，今後より一層効果的な活用が進みそうです。

  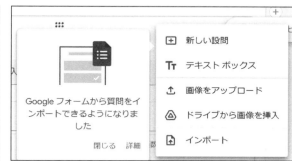

学習指導 DX

学びを継続させよう―卒業時のデータの取扱い

卒業しても中学校で学んだことを思い出してもらいたい。個人アカウントにデータを移行して
学びを継続できる環境をつくります。ここでは設定について説明します。

＼ 実例紹介 ／

1. DX で学びをつなげる

　私たちの学校では，生徒たちが Google Workspace for Education を使って，日々の授業で
たくさんの学びの足跡を残しています。しかし，卒業と同時に学校アカウントが停止・削除さ
れてしまうため，これまで生徒たちが一生懸命取り組んできた課題や成果物などが失われてし
まうことが課題でした。

　そこで，私たちは卒業生に，Google Workspace for Education のデータを個人の Google ア
カウントに移行する機会を提供することにしました。卒業前にアンケートを実施し，データ移
行を希望する生徒には，個人の Google アカウントを取得してもらい，そのアカウントに移行
したいデータを送るように案内しました。

　これにより，生徒たちは卒業後も一定期間，自分の Google ドライブのファイルや Gmail の
メッセージを個人のアカウントにコピーできるようになりました。

　データ移行の際には，生徒に対して，具体的な手順を説明するガイダンス資料を配布しまし
た。さらに，データ移行の手順を解説している YouTube 動画を紹介することで，生徒がスム
ーズに作業を進められるようにサポートしました。

　この取り組みの結果，多くの生徒が卒業後も自身の学習データや思い出を振り返ることがで
きるようになりました。データ移行は，生徒たちの学びの継続性をサポートしています。

　また，異動する教職員も，学習系のアカウントで作成した授業資料に限り，データを移動先
の Google アカウントや個人アカウントに移行することを認め，過去の資料を再利用できるよ
うにしました。

　学校を離れる際のデータ移行は，生徒たちの学びの軌跡を未来へつなぎ，教職員の業務効率
化にも貢献する，大切な取り組みだと考えています。

（八木橋卓矢）

ここでは，データ移行のやり方とその設定について説明します。

手順紹介

1. 生徒の準備

【個人用アカウントの準備】

保護者の方にもアカウントの取得をお願いしているので，同様に連絡をして自分で取得を促します。中学3年生になっていて，だいぶ使いこなしているので，アカウントの取得に際してサポートが必要な生徒はいません。

Googleアカウントの取得について

すべての保護者の方へ取得をお願いしています。

保護者の方がGoogleアカウントを取得し，生徒とのアカウントと連携することで・・・
- 学校から出されるアンケートへの回答がスムーズになります。（学校からの返信が届かないということがなくなります）
- 学校からのメール連絡がスムーズになります。
- 学級からのお便りなど，確実に届くようになります。

【データの整理】

個人用アカウントは容量が15GBです。組織で生徒が使えるドライブ容量の上限を決めておらず，かつ15GBを超えて使用をしていれば，データ移行の際にエラーが起こるので，データのドライブを確認して，データの整理をさせる必要もあります。

【移行に関する動画の紹介】

作業に必要な情報をプリント等で準備をするよりも，わかりやすい動画を紹介したほうが早いです。Google for Educationの活用ライブラリに動画がたくさんあるので，参考にしてみてはいかがでしょうか。

※参考動画：学校用アカウントから
　　　　　　個人アカウントへのデータ移行
　　　　　　　　　　　　　　　（動画）

2. 管理者の準備

【生徒の移行希望の確認】

　データ移行が必要な生徒の希望を確認します。全員の意向を確認できれば方法はなんでもかまいません。

　管理コンソールの「ディレクトリ>ユーザー」にある「ユーザーの一括更新」で図のようなcsvファイルをアップロードすると，自動的にその生徒は「要移行」か「移行不要」の組織に移動します。

　ドロップダウンリストで作成しておくと，移行希望の生徒を変更して，締め切った後や卒業してから，アップロードして組織変更することで準備完了です。

　なお，この準備は本校が生徒のアカウントで一般公開ができない設定にしているために必要な作業になります。

First Name [Req	Last Name [Req	Email Address [F	Password [Requ	Password Hash	Org Unit Path [Required]
青木 拓真	3101	20223101@fuch	****		/学習系/移行不要 ▼
井上 あかり	3102	20223102@fuch	****		/学習系/移行不要 ▼
遠藤 健太	3103	20223103@fuch	****		/学習系/移行不要 ▼
小林 莉子	3104	20223104@fuch	****		/学習系/移行不要 ▼
中村 悠斗	3105	20223105@fuch	****		/学習系/要移行 ▼
山本 陽菜	3106	20223106@fuch	****		/学習系/移行不要 ▼
吉田 海斗	3107	20223107@fuch	****		/学習系/要移行 ▼
鈴木 花音	3108	20223108@fuch	****		/学習系/移行不要 ▼
渡辺 大翔	3109	20223109@fuch	****		/学習系/移行不要 ▼
高橋 彩乃	3110	20223110@fuch	****		/学習系/移行不要 ▼
加藤 渚	3111	20223111@fuch	****		/学習系/移行不要

3. 「コンテンツの移行」の具体的な手順

　右上のアイコンをクリックして，「Googleアカウントを管理」に進みます。

　「ホーム」か「データとプライバシー」のどちらかから，「コンテンツの移行」の「転送を開始」をクリックします。

　「移行先のアカウント」（1で準備した個人用アカウント）を入力し，「コードを送信」します。1で準備した個人用アカウントにメールが届くので，「確認コードを取得」を押して，確認コードをコピーします。「2 移行先のアカウントの確認」に戻り，確認コードをペーストして「確認」を押します。

　「3 コピーして移行するコンテンツの選択」に進むので，「移行を開始」を押して，データがコピーされるのを待ちます。

「Google アカウントを管理」から Google アカウントの画面に移動し，「データとプライバシー」に進みます。さらにそこから「コンテンツの移行」の「転送を開始」を選びます。

「1．移行先のアカウントの入力」をします。入力したアカウントにメールが届くので，確認コードを取得します。

「2．移行先のアカウントの確認」をします。取得したコードを入力して，「確認」を押しましょう。

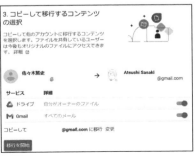

「3．コピーして移行するコンテンツの選択」をします。「ドライブ」と「Gmail」をアクティブにするか非アクティブにするかを選び，「移行を開始」を押しましょう。

学習指導 DX 　　115

道徳DX

道徳ポートフォリオをデジタル化
—生徒の学びを深め，教員の生徒理解を促進

Googleスプレッドシートをポートフォリオとして活用し，道徳科の学びを蓄積できます。
ここでは，道徳デジタルポートフォリオ（DDP）の作成のコツと，その効果を紹介します。

実例紹介

1. 生徒にとってのメリット

　DDPは，生徒自身が自分の成長を振り返り，主体的に学習を進める上で，大きな手助けとなります。紙のポートフォリオでは，記入スペースの制約から，自分の考えや気持ちを十分に表現できないこともありました。また，紙媒体であるが故に，紛失する生徒もいました。

　一方，デジタル化によって文字数制限がなくなり，じっくり考えた分だけ，自分の言葉で深く掘り下げて記録できるようになりました。また，学期ごとの振り返りシートを活用することで，過去の学びを振り返りやすくなりました。以前は，過去のワークシートを引っ張り出して見返すのは大変でしたが（特に，紛失してしまう生徒にとってはとても……），DDPなら，過去の記録を簡単に確認できます。時間をおいて見返すことで，新たな気づきや発見があり，自身の成長に気づくことにもつながっています。

2. 教員にとってのメリット

　DDPは，教員にとっても，生徒理解を深めるための貴重なツールです。学期末の評価（所見）を作成する際の参考資料としても役立ちます。

　担任だけでなく，様々な教職員が生徒のDDPを閲覧できるため，多角的な視点から生徒を理解することができます。特に，ローテーション道徳の授業では，事前・事後に生徒の考え方や価値観に触れることができるため，生徒の振り返りを授業のフィードバックとして捉え，より効果的な授業展開が可能になりました。

　従来の紙媒体では，教師がワークシートを回収し，時間をかけてチェックする必要がありました。忙しい業務の合間を縫っての作業は負担が大きく，十分なフィードバックができないこともありました。DDPによって，教師も生徒も同時に閲覧・編集できるようになり，この問題は解決しました。

（羽村　麻美）

ここでは，道徳デジタルポートフォリオの作り方と配付について説明します。

＼ 手順紹介 ／

1. Google スプレッドシートを活用した振り返りの深化

DDP では，以下のシートを活用して，生徒の振り返りを深めます。
- 「授業ごとに入力」シート：授業ごとに感想や気づきを記録します。
- 「期間ごとに入力」シート：一定期間（例えば学期ごと）の学びを振り返り，まとめます。「授業ごとに入力」シートの内容が自動的に反映されるため，振り返りが容易になります。
- 「!? Question !?」シート：生徒自身が選んだ1年間を通して考えたい「人間としての生き方に関する問い」について，定期的に考えを深めます。これにより，自己理解や価値観の形成を促します。

このシートでは複雑な関数は使わずに，セル参照を使っています。

2. 各シートの説明：「授業ごとに入力」シート

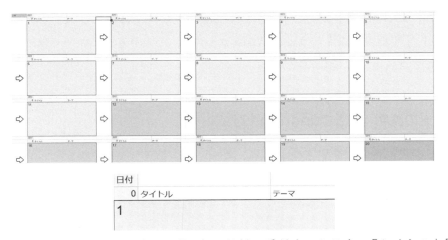

「日付」に授業があった日を入力し，「0」に教材の番号をいれると，「タイトル」「テーマ」が自動的に反映されます。「1」「2」……と書いてあるセルに，その授業で学んだこと，気づいたこと，考えさせられたことなどを入力します。

道徳DX

3. 各シートの説明：「期間ごとに入力」シート

A	B	C	D	E	F	G	H	I	J
いじ	いじ	いじ	いじらない	いじらな	いじらない	かならず書こう	かならず書こう	できるだけ書こう	書ける人は書こう
						印象に残った授業とその理由	あなたの学び方について （以下の視点は例です） ・内容の理解の仕方 ・他の人の考えの聞き方、捉え方 ・自分の問題としての捉え方、考え方 ・生き方へのつなげ方	!? Question !? シートに反映 「生き方」について考えたこと	その他 友だちのこういうところがよかった ローテーションとか授業の方法とか先生方にメッセージ など
						教材の名前 理由			
授業	日付	教材	教材名	内容項目	ふりかえり				
1	日付	0	タイトル	テーマ	1			8月明けに入力予定	
2	日付	0	タイトル	テーマ	2				
3	日付	0	タイトル	テーマ	3				
4	日付	0	タイトル	テーマ	4				
5	日付	0	タイトル	テーマ	5				
6	日付	0	タイトル	テーマ	6				
7	日付	0	タイトル	テーマ	7				
8	日付	0	タイトル	テーマ	8				

A～F列までは「授業ごとに入力」シートに入力したものが，一覧になって反映されます。G列から，すでに入力されたものを見ながら，道徳科の時間で学んだことを振り返って記述します。

このシートに入力するのは，「印象に残った授業とその理由」「あなたの学び方について」「『生き方』について考えたこと」「その他」です。1年間で3回振り返るように設計しています。

・「印象に残った授業とその理由」：通知表の所見にも活用するため，具体的な教材について書いてもらいます。
・「あなたの学び方について」：積極的だったといったことではなく，道徳科の目標に準じて，「内容の理解の仕方」「他の人の考えの聞き方，捉え方」「自分の問題としての捉え方，考え方」「生き方へのつなげ方」という視点で振り返ってみるように設定しています。
・「『生き方』について考えたこと」：「!? Question !?」シートに反映されます。
・「その他」：「友だちのこういうところがよかった」「授業の方法について教師へのメッセージ」などを書けるようにしています。

4. 各シートの説明：「!? Question !?」シート

まず，4月の道徳科の授業開きやオリエンテーションで使うことが望ましいです。

「考え続けたい問い」をクリックすると，問いの候補が表示されます。一覧に考えたい問いがない場合は，自分で問いをつくることも可能です。そして，それについて4月の時点での考えを書いておきます。

「期間ごとに入力」シートの「『生き方』について考えたこと」が自動的に反映されます。

年度の終わりに，振り返ってみたことで，自分の考えに成長があるのか，書いてあることは同じかもしれないがその考えに深さがあるのか，など，自分自身の成長も感じ取れることを期

待しています。

	クリックして中学校生活で考えつづけたい問いを選んでください	
		▼
月		
最初	**4月に入力しましょう**	
7月	8月明けに入力予定	
10月	11月頭に入力予定	
2月	1月終わりに入力予定	
最後	**年度末に入力しましょう**	
	自分で選んだ問いについて，そのときの自分の考えを書いていこう 「最後」は年度の終わりに，よく考えて書こう ※途中は「期間ごとに入力」シートに書くと反映されます	

クリックして中学校生活で考えつづけたい問いを選んでください

ヒトではなく人間として生きるってどういうこと？

幸せな生き方ってどんな生き方だろう？

人間ってなんだろう？

人間が生きることにどれだけの意味・意義があるのだろうか？

今を生きるってどういうことだろう？

よりよい生き方ってどんな生き方だろう？

生き方について，他の問いを考えたい場合は，これを選んで，下のセルに記入してください

　本校の DDP は OPPA（One Page Portfolio Assessment）を参考にしています。OPPA とは，一枚の紙に学習の記録や振り返りをまとめるポートフォリオ評価の手法です。学習前・中・後の過程を記録し，生徒自身が自己評価を行うことを目的としています。

道徳 DX　119

道徳 DX

道徳の教材研究をみんなでやろう Let's Do Talk!

時間と労力がかかると考えられている道徳の授業準備に Google Classroom や Google ドキュメントを使うことで，教員間の情報共有と連携を強化しながら，より深い学びを実現できます。

＼ 実例紹介 ／

1. Google Classroom で道徳授業の準備を効果的に

　私たちの学校では，道徳の授業準備に課題を感じていました。教材研究や指導案作成に時間がかかるだけでなく，各教員の取り組みが孤立しがちで，授業に関する情報の共有が十分ではありませんでした。そこで，教員専用の Classroom「道徳の部屋」を作成しました。

　「道徳の部屋」では，道徳教育推進教師が教師役，私たち他の教員が生徒役となり，以下のような活動を行いました。

- ・**教材・資料の共有**：道徳教材や関連資料，評価用シートなどを Classroom で共有し，教員間で自由に閲覧・活用できるようにしました。
- ・**指導案の共有とフィードバック**：ドキュメントで作成した指導案を共有し，授業後には感想や改善点を書き込めるようにしました。これにより，他の教員の意見やアイデアを参考に，授業の改善を図ることができました。
- ・**質問・相談の場として活用**：Classroom のストリーム機能を活用し，授業に関する質問や相談を気軽にできる場を設けました。

2. Google ドキュメントで指導略々案をつくる

　指導案は，Google ドキュメントで作成します。指導案と言っても正式なものではなく，こんな感じでやってみましょう，という略案のさらに簡単なものにしたので，心理的なハードルもさがります。また，内容項目を A 〜 D の視点別に色分けして選べるようにプルダウンリストを設定しました。これにより，指導案の作成が容易になり，他の教員も内容を把握しやすくなりました。さらに授業を行った教員が，指導案に実践記録や感想を入力することで，他の教員が参考にできる情報が蓄積されていくというメリットも生まれました。

（羽村　麻美）

ここでは，Google Classroom の設定と Google ドキュメントのプルダウンリストについて説明します。

\ 手順紹介 /

1. Google Classroom で「道徳の部屋」をつくろう

Google Classroom を立ち上げます。

右上のアイコンの近くに「＋」があるのでクリックします。

「クラスを作成」を選び，必要事項を入力します（「クラス名」さえ入力されれば作成できます）。

図のように「クラス名」と「セクション」がバナーに反映されています。

Canva などを使うと，デザイン性に富んだものが作成できるので，見た目にこだわる余裕があればチャレンジしてみるのもいいかもしれません。

道徳 DX   121

また，指導案の共有だけならチャットでスペースを活用する方法もありますが，使い方に慣れてもらうために生徒のデジタルポートフォリオと同じものを「コピー配付」するなど，Classroom の機能を使うメリットがあります。

2. Google ドキュメントでプルダウンリストをつくる

　Classroom で「授業」＞「＋作成」＞「課題」を選びます。

　次の画面で「＋作成」を選ぶと，図のようにアプリの一覧が出るので，「ドキュメント」を選びます。そうすると「無題のドキュメント」が立ち上がります。

左上のファイル名をクリックして,「指導略々案」と入れてみましょう。

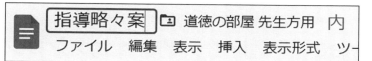

右の方に「道徳の部屋 先生方用」というフォルダ名が表示されています。Classroom 内で共有されるフォルダができて,その中にファイルができたということです。

最終的に,図のようなプルダウンリストができると OK です。メニューの「挿入」＞「プルダウン」を選ぶか,本文の中で「@」を入力すると出てくるメニューリストから「プルダウン」を選びます。

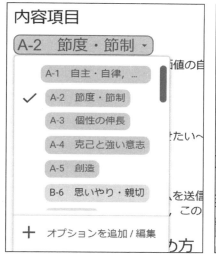

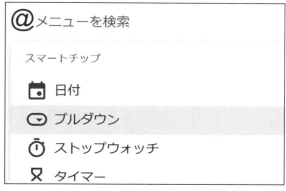

プルダウンの設定画面が表示されるので,選択肢 1 から順に入力していきます。残念ながらスプレッドシートなどのセルをコピーして貼り付けても選択肢 1 から自動的に増えるという設定にはなっていないので,一つずつ入力するしか今のところ方法がありません。

選択肢の左にある○は色を選べるので,今回は A～D の視点があるので,4 色に分類してみるといいでしょう。

道徳 DX　　123

附属 DX

Google Meet のブレイクアウトセッションで
校内研修を活性化

Google Meet の有償機能の一つであるブレイクアウトセッションを校内研修の
グループ分けに使えます。ここでは，そのやり方と効果を紹介します。

＼ 実例紹介 ／

1. Google Meet を「対面」で使おう

　Google Meet といえばオンライン会議ツールとして有名ですが，実は対面での研修や授業で
も活用できるんです。私たちは，Google Meet の有償版機能であるブレイクアウトセッション
機能を使って，教職員の校内研修を活性化させています。以前は，グループ分けでは学年で？
教科で？とメンバーの偏りが生じたり時間がかかったりと，なかなかスムーズに進まないこと
がありました。しかし，Google Meet のブレイクアウトセッション機能を使うことで，グルー
プ分けが一瞬で完了し，研修全体の流れもスムーズになりました。

　対面での研修でも，参加者全員に Chromebook を持参してもらい，Google Meet にアクセ
スしてもらいます。そして，Google Meet の画面上で参加者の人数と部屋数を指定し，シャッ
フルボタンを押すだけで，自動的にグループ分けが完了します。そのままグループで集まって，
話し合いをスタートします。研修の進行を妨げることなく，スムーズにグループ活動に移行で
きます。

　ブレイクアウトセッションでは，少人数のグループに分かれて，テーマに沿った話し合いを
行います。普段あまり交流のない先生とも気軽に意見交換ができ，新たな発見や気づきを得る
ことができます。ブレイクアウトセッション終了後は，各グループの代表者が全体に向けて発
表を行います。それぞれのグループで出た意見やアイデアを共有することで，研修全体として
の学びを深めることができます。さらにブレイクアウトセッションを複数回行い，その都度メ
ンバーをシャッフルすることで，様々な教員と交流する機会が得られます。これにより教職員
間のコミュニケーションが活性化し，学校全体の雰囲気も明るくなったと感じています。

　Google Meet のブレイクアウトセッション機能は，校内研修だけでなく，授業でも活用でき
ることに気づきました。例えば，グループワークやディスカッションの際に，生徒たちをブレ
イクアウトセッションに分けることで，活発な意見交換を促し，主体的な学びを支援できます。

（佐々木篤史）

ここでは，Google Meet でのブレイクアウトセッションや画面共有について説明します。

　Google Meet はオンライン会議ツールとして広く知られていますが，実は対面での研修や授業でも，その機能を最大限に活用することができます。特に，ブレイクアウトセッション機能は，参加者同士の活発な意見交換を促し，深い学びへとつなげるための強力なツールです。ここでは，Google Meet のブレイクアウトセッションを対面で活用する具体的な手順と注意点，そして効果的な活用事例を紹介します。

手順紹介

1. ブレイクアウトセッションの実施手順

1. Google Meet で会議を開始

　まず，研修参加者全員に Google Meet の URL を共有します。参加者は各自の Chromebook などの端末で Google Meet にアクセスし，会議に参加します。研修用の Google Classroom やチャットスペースを事前に用意しておくと，Google Meet の URL 共有がスムーズに行えます。

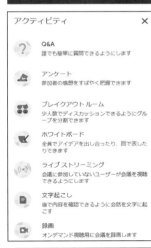

2. ブレイクアウトセッションを開始

　Google Meet 画面右下の「アクティビティ」アイコンをクリックし，「ブレイクアウトセッション」を選択します。

　会議室の数を決めて，シャッフルを押します。このときに，Google Meet に入っているメンバーだけがシャッフルされます。シャッフルしてから入ったメンバーはメインセッションに残る設定になってしまうため，ある程度メンバーが入室してからシャッフルをすることが望ましいです。

　自動シャッフルでは，参加者がランダムにグループ分けされます。一方，手動割り当てでは，主催者（教員）がドラッグ＆ドロップで参加者を各グループに割り当てることができます。遅れて入室した人はドラッグ＆ドロップで割り当てるとよいでしょう。設定が完了したら，「セッションを開く」をクリックします。参加者はそれぞれのブレイクアウトルームに招待されるので，「参

加」を押して，グループへの移動を開始します。

2. ブレイクアウトセッション中のサポート

今回は対面での使用なので，使わなくてもいいのですが，教員は，各ブレイクアウトルームに自由に出入りできます。

各グループの議論をモニタリングし，必要に応じて質問に答えたり，アドバイスを与えたりすることができます。

グループ内で活発な議論を促すために，ファシリテーションを行うことも有効です。必要に応じて，ブレイクアウトルーム内で資料を画面共有することも可能です。

また，参加者からサポートが必要な場合は「サポートをリクエスト」を押して呼び出されることもあります。

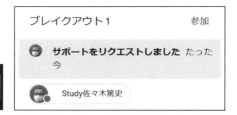

3. ブレイクアウトセッションの終了と全体共有

議論の設定時間がきたら「アクティビティ」の「ブレイクアウト」から「セッションを閉じる」をクリックします。もしくは「会議室」と「シャッフル」の間にある「タイマー」を使うことで，自動的にセッションを閉じることも可能です。これにより参加者はメインセッションに戻ります。メンバーの入れ替えをする場合は，再び「シャッフル」でメンバーを入れ替えて「セッションを開く」を押しましょう。メンバーの入れ替えがなく，Google Meet の利用を終える場合は通話を切るボタンを押して，「通話を終了して全員を退出させる」を選びます。

4. 画面共有を活用した情報共有

ブレイクアウトセッションだけでなく，画面共有機能を活用することで，研修全体を通して

効果的な情報共有が可能です。
- **資料やスライドの共有**：研修内容をまとめた資料やスライドを画面共有することで，参加者全員が同じ情報を共有しながら研修を進めることができます。スライドの場合，Google Meet の画面上でプレゼンテーションを動かしたり，レーザーポインターを動かしたりすることができるようになっています。ここは Google のアプリ同士の連携がすばらしい点です。

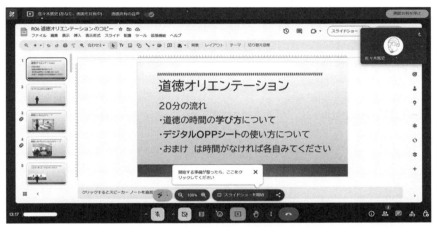

- **動画視聴**：研修内容に関連する動画を共有することで，視覚的に情報を伝え，理解を深めることができます。YouTube 動画アクティビティ（90ページ参照）を使うと，動画に対する参加者のリアクションを知ることも可能です。

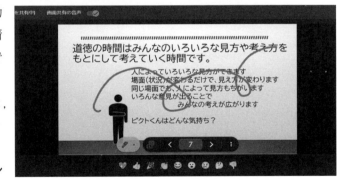

- **Web サイトやアプリケーションの共有**：研修で使用する Web サイトやアプリケーションを画面共有することで，操作方法を具体的に説明したり，参加者と一緒に操作しながら学ぶことができます。

5. まとめ

Google Meet は，ブレイクアウトセッション機能や画面共有機能を活用することで，対面での研修においても，参加者同士の活発な意見交換を促し，学びを深めるための強力なツールです。ぜひ，これらの機能を活用して，よりインタラクティブで実りある研修を実現しましょう。そして，教職員に学びがあることを実感してもらい，これを学習にも活用するよう促していきましょう。

附属 DX

教育実習生も GIGA スクール！教育実習 DX

教育実習生も使えるアカウントと Chromebook と同じ機能の PC。
ここでは，ChromeOS Flex の設定の仕方を説明し，その効果を紹介します。

＼ 実例紹介 ／

1. 古くなった Windows PC が ChromeOS Flex™ で蘇る

　私たちの学校では，職員室で使わなくなった Windows PC が何台か眠っていました。処分するのももったいないし，何か有効活用できないかと考えていたところ，ChromeOS Flex の存在を知り，試してみることにしました。

　ChromeOS Flex は，Google が提供するオペレーティングシステムで，古いパソコンにインストールするだけで，Chromebook のような快適な操作性を実現できます。Google Workspace for Education との連携もスムーズで，普段 Chromebook を使っている私たちにとって，とても親しみやすいものでした。

　インストールは，USB メモリを使って簡単に行うことができました。最初は少し不安でしたが，Google のわかりやすいガイドに従って進めるうちに，あっという間に完了。古い Windows PC が，サクサク動く Chromebook に生まれ変わった瞬間は，感動的でした。

　ChromeOS Flex を導入したことで，いくつかの嬉しい変化がありました。まず，何よりも古い PC を有効活用できたことが大きいです。処分するはずだったものが，新たな学びのツールとして生まれ変わり，とても嬉しく思いました。

　さらに，教育実習生にとても大きなメリットがありました。これまでは，教育実習生に十分な数の Chromebook を貸与することができず，ICT を活用した授業実践に制限がありました。しかし，ChromeOS Flex をインストールした PC を使えるようになったことで，教育実習生たちは，Classroom で課題を作成・配信するなど，GIGA スクール構想で求められる ICT スキルを，実践的に学ぶことができました。ある教育実習生は，「最新の ICT 教育に触れることができ，教育現場のリアルな課題や可能性を実感できた。教員になったら生かしていきたい」と語っていました。

　ChromeOS Flex は，教育実習生にとって，GIGA スクール構想を体験し，ICT を活用した教育実践を学ぶための非常に有効なツールだと思います。

（佐々木篤史）

ここでは，ChromeOS Flex の設定方法について説明します。

⟍ 手順紹介 ⟋

1. ChromeOS Flex とは

ChromeOS Flex は，Google が提供するクラウドベースのオペレーティングシステム（OS）です。古い Windows PC や Mac にインストールすることで，Chromebook のような快適な操作性と最新の機能を手に入れることができます。特に，教育現場では，GIGA スクール構想で整備された Chromebook とシームレスに連携できる点が大きなメリットです。

2. ChromeOS Flex 導入のメリット

・**古い PC の再利用**：職員室や教室で眠っている古い PC を ChromeOS Flex で蘇らせることで，新たな Chromebook として活用できます。これにより，ハードウェアの購入費用を抑え，環境負荷の軽減にも貢献します。

・**GIGA スクール構想への対応**：文部科学省が推進する GIGA スクール構想では，1人1台端末の整備が進められています。ChromeOS Flex は，Chromebook と同様の操作性と機能を提供するため，GIGA スクール構想の環境下でもスムーズに活用できます。

・**クラウドベースの利便性**：ChromeOS Flex はクラウドベースの OS であるため，常に最新のセキュリティアップデートが適用され，ウイルス対策ソフトのインストールも不要です。また，Google Workspace for Education との連携も容易で，Google Classroom や Google Meet などの教育ツールをシームレスに利用できます。

・**低コストでの導入**：ChromeOS Flex は無料で利用できるため，予算が限られている学校でも手軽に導入できます。

3. ChromeOS Flex 導入の準備

ChromeOS Flex を導入する前に，以下の準備が必要です。

1. **対応機種の確認**：ChromeOS Flex は，すべての PC に対応しているわけではありません。Google の公式ページで，お使いの PC が対応機種であるか確認しましょう。

附属 DX　129

・一般的に，2010年以降に発売された PC であれば，多くの機種が対応しています。

・CPU，メモリ，ストレージの要件も確認しておきましょう。

2. USB メモリの準備：ChromeOS Flex のインストールには，8 GB 以上の USB メモリが必要です。

・インストールに使用した USB メモリは，その後もリカバリメディアとして使用できます。

3. データのバックアップ：インストールを行うと，古い PC のデータはすべて消去されます。必ず事前に必要なデータをバックアップしておきましょう。

4. ChromeOS Flex のインストール手順

1. USB インストーラーの作成：別の PC（Windows，Mac，Chromebook など）で Chrome ブラウザを開き，「Chromebook リカバリ ユーティリティ」拡張機能をインストールします。

・拡張機能を起動し，「Google ChromeOS Flex」を選択し，使用する USB メモリを指定して「今すぐ作成」をクリックします。

・作成が完了するまで待ちます。

2. インストール先の PC で BIOS 設定を変更

・インストール先の PC を再起動し，メーカーのロゴが表示されたら，BIOS 設定画面に入るためのキー（例：F2，Delete）を繰り返し押します（機種によって異なる場合があります）。

・BIOS 設定画面で，起動順序を USB メモリが最優先になるように変更します。

・変更を保存して BIOS 設定画面を終了します。

3. ChromeOS Flex のインストール

・作成した USB インストーラーをインストール先の PC に接続し，PC を起動します。

・「ChromeOS Flex へようこそ」画面が表示されたら，「使ってみる」をクリックします。

・画面の指示に従って，ChromeOS Flex のインストールを進めます。

・インストールが完了すると，PC が再起動し，ChromeOS Flex が起動します。

※ ChromeOS Flex ヘルプ（公式）より

（https://support.google.com/chromeosflex/answer/11541904?hl=ja&ref_topic=11551271&sjid=13094062070217082712-AP）

4. 初期設定

・インストールが完了したら，ChromeOS Flex の初期設定を行います。
・Wi-Fi への接続，Google アカウントでのログイン，言語設定などを行います。

5. ChromeOS Flex の活用例

・教育実習生は，Chromebook と同じように Google Classroom や Google Meet などのツールを使いこなせます。
・授業準備や課題の配信・提出，生徒とのコミュニケーションなど，ICT を活用した実践的な経験を積むことができます。
・GIGA スクール構想に対応した教育現場を体験し，ICT を活用した授業実践スキルを身につけることができます。

　附属学校では年間100名以上の教育実習生が来るので，ChromeOS Flex のような手軽に使えるツールは非常に重宝します。教育実習生にとっても，GIGA スクール構想を体験し，ICT を活用した教育実践を学ぶ絶好の機会となります。教員の成り手が不足している今だからこそ，使う経験を増やし，その成果を実感して，やりがいを感じ，教員へのモチベーションを高めてもらえたらと思います。

附属 DX　131

おわりに

　本書では，Google Workspace for Education の多様なツールを活用し，学校現場の DX を推進するための具体的な方法と，その導入効果について紹介しました。

　私自身，Google アプリを使い始めて10年以上，本校での活用ももうすぐ10年になりますが，常に少し先の自分たちが「ラク」をするために，今の自分に何ができるのかを考え，試行錯誤してきました。

　GIGA スクール構想の開始以降，多くの学校現場で ICT 活用が進み，全国各地の先生方が積極的に情報発信を行う姿に大いに刺激を受けました。Google for Education 認定教育者の先生方の熱心な活動に触れる中で，「こんな活用方法もあるのか」と新たな発見を得ると同時に，私たちも本校での実践を共有し，共に学び合う場をつくることの大切さを改めて実感しました。また，情報発信の質や効果的な伝え方についても深く考えるようになりました。本校の実践事例も，より多くの先生方に届き，実際に活用してもらえるような形で発信していきたいと考えました。Google for Education の認定トレーナーの資格を取得し，事例校として認定していただくなど，様々な取り組みを進めてきたのも，教育現場をよりよくしたいという思いからです。そして今回，幸運にも本書を発刊する機会をいただけました。

　「時間泥棒」から「教育の質向上」へ。この道のりはまさにスクラップ＆ビルドの連続でした。私たちは，従来の慣習や手法にとらわれず，本当に必要な業務を見極め，思い切って手放す（スクラップ）ことで，新たな挑戦のための時間とエネルギーを生み出す（ビルド）ことができました。

　例えば，職員会議のペーパーレス化や欠席連絡のデジタル化は，一見小さな変化に見えるかもしれませんが，これらの「小さなスクラップ」の積み重ねが，教職員の働き方や生徒の学びに大きな影響を与えました。朝の打ち合わせの効率化は，単なる時間の節約以上の価値を生み出しました。以前は，口頭での伝達や膨大な資料の確認に追われ，生徒との時間を十分に確保できないことが悩みでした。しかし，職員ポータルサイトの導入と活用により，以前は，担任全員がメモを取らなければいけなかった朝の連絡が，ポータルサイトへの入力によって他の先生方の仕事を減らすことができました。打ち合わせの時間が大幅に短縮され，教職員は心にゆとりをもって，生徒と向き合うことができるようになりました。生まれた時間で，生徒の自治活動を増やしたり，個々の生徒とじっくり対話する時間をつくったりと，教育の質向上につながる取り組みを積極的に行うことができるようになりました。また，欠席連絡のデジタル化によって，業務時間外に朝の電話を受ける仕事がなくなり，生まれた時間で余裕をもった１日の準備に時間をあてられることで，質の高い教育活動につながりました。会議資料のペーパーレス化も，担当者の印刷時間の削減や，印刷用紙を注文する事務職員の業務軽減につながりました。印刷にかかるコストを削減できた分，新たな PC を購入するなど，一つ一つのスクラップ

が様々なプラスの変化を生み出しました。本書で紹介した数々の事例は，このような小さなスクラップの積み重ねによって生まれた「ゆとり」を，どのように新たな価値創造（ビルド）につなげることができるのかを示すものです。

　大きなスクラップだけが成果になるのではなく，小さなスクラップの積み重ねが，より効果的なビルドにつながる。このサイクルこそが，私たちのDX実践を支えています。

　変化が激しいと言われているVUCAの時代において，教育現場を取り巻く環境は常に変化しています。Google Workspace for Educationも，日々進化を続けています。例えば，Google JamboardがFigJam，Miro，Lucidsparkなどのホワイトボードアプリに置き換わったり，Education Plusで新機能が続々と追加されたりと，変化の波は止むことがありません。

　さらに，生成AIの急速な発展も，教育現場に新たな可能性と課題をもたらしています。Geminiのような生成AIを活用したDXの事例も生まれています（が，今回は残念ながら本書の執筆には間に合いませんでした）。本書の執筆を通じても，改めて私たちの取り組みを客観的に見つめ直し，改善点や新たな可能性を見出すことができました。特に，日進月歩で進化するGoogle Workspace for Educationの機能や仕様変更への情報収集や対応は欠かせません（例えば，執筆中にカレンダーの予約枠が廃止され，予約スケジュールに関連する記述を大きく修正する必要があったことなど）。

　このような変化の激しい時代において，「安定」を求めるだけでは，真のDXは実現できません。「学び続ける職員室」を実現し，教職員自身が変化を楽しめる学校となること。それが，生徒たちのロールモデルとなり，未来を生き抜く力を育む学校の姿だと信じ，私たちは日々努力を重ねています。弘前大学教育学部附属中学校は，その理想へ向かう道の途上にありますが，着実に歩みを進めています。

　本書が，先生方がGoogle Workspace for Educationを活用し，生徒たちの学びをさらに豊かにするための「羅針盤」となることを願っています。

　最後に，この本を書き上げるまでには，本当に多くの方々の支えがありました。共に汗を流してくれた弘前大学教育学部附属中学校の先生方，日々成長を見せてくれる生徒たちといつも温かく見守ってくれる保護者の皆様，そして，私の遅筆にも根気強く付き合ってくださった明治図書出版の皆様，特に茅野現様には，心から感謝の気持ちでいっぱいです。

　DXとか，働き方改革とか，そんな言葉に追われるんじゃなくて，「あんなこといいな，できたらいいな」って，ドラえもんを観ていたあの頃のワクワクした気持ちで，新しいことにチャレンジできたら素敵ですよね。

　みなさんの学校にも，そんなワクワクが少しずつ広がっていくことを願って。

2024年11月　　　　　　　　　　　　　　　　　　　　　　　　　　　　　佐々木篤史

【執筆者紹介】（執筆順）

佐々木篤史（ささき　あつし）

奈良岡寛大（ならおか　よしひろ）

八木橋卓矢（やぎはし　たくや）

野呂　　香（のろ　かおり）

三上　昌憲（みかみ　まさのり）

村田　正浩（むらた　まさひろ）

小林　和史（こばやし　かずふみ）

鳴海　文彦（なるみ　ふみひこ）

齋藤　安衣（さいとう　あい）

西岡　丸佳（にしおか　まどか）※　元　附属中学校　養護教諭

羽村　麻美（はむら　あさみ）